Claire Miquel

VOCABULAIRE PROGRESSIF DU FRANÇAIS

avec 250 exercices

À Anne

Édition : Christine Grall, Michèle Grandmangin
Illustrations : Marc Fersten
Conception maquette et couverture : Evelyn Audureau

AVANT-PROPOS

Le **Vocabulaire progressif du français 2** s'adresse à des étudiants adultes et adolescents de niveaux **intermédiaire** et **avancé**.

Cet ouvrage est conçu pour être utilisé aussi bien **en classe** qu'**en auto-apprentissage**, les **corrigés des exercices** se trouvant dans un livret séparé.

Cet ouvrage suppose une certaine connaissance du français, puisqu'il prolonge le volume 1 dont il respecte le principe : le vocabulaire est organisé par chapitres thématiques, correspondant à divers domaines de la réalité quotidienne en France. Le volume 2 requiert un niveau de langue plus avancé que le volume 1, en particulier de meilleures connaissances grammaticales.

Certaines notions traitées dans le volume 1 (telles que la maison, le corps) trouvent leur prolongement dans le volume 2 (le bricolage, la santé). Cependant, l'essentiel du présent ouvrage est constitué de nouveaux thèmes, généralement abordés par les méthodes de langue de niveaux 2 et 3.

Le vocabulaire est donc plus précis, plus riche, sans être ni sophistiqué, ni spécialisé. L'ouvrage veut en effet rester au plus près d'une réalité linguistique moderne : il doit permettre à l'étudiant de s'exprimer clairement dans une grande variété de situations quotidiennes, et de comprendre une conversation familière, les médias, ou encore un film récent.

Il est bien entendu que nous ne recherchons en aucun cas l'exhaustivité, pour d'évidentes raisons matérielles et pédagogiques – il est impossible d'enseigner tout le vocabulaire relatif à un thème. Il s'agit donc d'un choix subjectif et raisonné, fondé sur une longue expérience de terrain, puisque chaque chapitre peut constituer un sujet de cours.

La présentation des thèmes, regroupés sous **cinq rubriques**, respecte une progression, non dans la difficulté lexicale, mais dans la logique thématique :

– la description du réel (description des objets, cuisine...)	chap. 1 à 5
– l'homme et son corps (sport, santé, gestes...)	chap. 6 à 9
– l'homme et son être (caractère, sentiments...)	chap. 10 à 15
– l'homme et la société (monde de l'entreprise, commerce...)	chap. 16 à 24
– la culture (cinéma, littérature...)	chap. 25 à 28

Chaque chapitre jouit d'une autonomie et ne suppose pas nécessairement acquises les leçons précédentes, ce qui favorise un parcours libre, adapté au rythme personnel de l'étudiant. Selon le principe en usage dans cette collection, chaque chapitre est constitué, sur la page de gauche d'une leçon, sur la page de droite d'activités pédagogiques.

Sur la page de gauche : le vocabulaire est mis en situation, principalement dans des dialogues et des récits, qui constituent une sorte de « photographie » de la réalité linguistique d'aujourd'hui. Les textes sont clairs, vifs et aussi réalistes que possible. Dans d'autres cas, des tableaux, des schémas ou des dessins facilitent la mise en scène des mots. En effet, il ne s'agit jamais d'une liste sèche de vocabulaire, mais bien de termes vivants, insérés dans leur contexte.

Si une place de choix est réservée à des expressions imagées, des proverbes, ainsi qu'à certaines expressions familières (dont le registre de langue est marqué d'un signe *), l'argot proprement dit n'a généralement pas été abordé, car il nécessiterait un ouvrage en tant que tel.

Au fil des chapitres, le lecteur rencontrera également des « remarques » qui précisent certains points délicats à la frontière de la grammaire et du vocabulaire (*je m'en doute ≠ j'en doute*), des usages linguistico-culturels (*je t'aime / je t'aime beaucoup*), ou encore renvoient à d'autres chapitres lorsqu'il y a polysémie, par exemple.

Sur la page de droite : les exercices pédagogiques permettent à l'étudiant d'assimiler les notions abordées dans la leçon et de se les approprier. Ces activités apparaissent selon **un ordre de difficulté croissante** : le premier exercice fait appel exclusivement aux notions de la page en regard, les exercices suivants font intervenir également le vocabulaire abordé dans les pages précédentes du même chapitre. Le dernier exercice du chapitre constitue par conséquent une sorte de bilan, de révision du thème traité.

Ces exercices fort variés (vrai ou faux, QCM, éliminer l'intrus, trouver l'erreur, exercices d'association…) peuvent aisément être exploités, développés et même transposés en classe, par exemple pour des activités de groupe, jeux de rôles, enquêtes, débats, etc. L'enseignant y trouvera, accessoirement, matière à des révisions lexicales et grammaticales.

Enfin, un **index** très développé permet au lecteur de s'orienter à travers les chapitres et de retrouver les diverses occurrences des mots et expressions.

SOMMAIRE

1 LES MESURES – LES QUANTITÉS

LES CHIFFRES ET LES NOMBRES

• 2, 4, 6… sont des **chiffres pairs** ≠ 1, 3, 5… sont **impairs**.

• 157 est un nombre **à** trois chiffres.
On peut écrire un nombre **en** chiffres ou **en** lettres.
160 est un chiffre **rond** (≠ 158,5 est un chiffre **exact**).
On **arrondit à** 160.

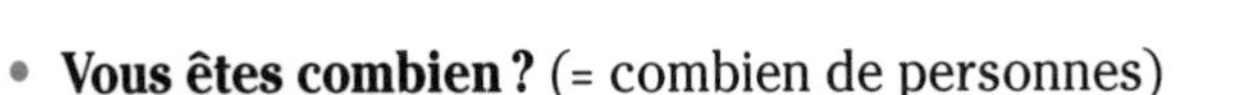

• **Vous êtes combien ?** (= combien de personnes)
– Nous **sommes quatre**.

• 7 + 6, **ça fait combien** ?
– **Ça fait** 13.

• Le garçon de café **calcule** = **compte** facilement **de tête** (= mentalement, sans **calculette**), il **fait ses calculs** de tête. Comme il est bon en **calcul mental**, il ne **fait** pas souvent d'**erreur de calcul**. Il **fait le total** = **la somme des** boissons. **Le tout** = **le montant s'élève à** 8,5 €.

• Jules **fait ses comptes** régulièrement (= il vérifie son budget).

• Les quatre **opérations. Combien font… ?**

– **l'addition**	2 + 4 = 6	(2 **plus** 4 **égale** 6)	(**additionner**)
– **la soustraction**	7 – 5 = 2	(7 **moins** 5 égale 2)	(**soustraire**)
– **la multiplication**	6 x 8 = 48	(6 **multiplié par** 8 égale 48)	(**multiplier**)
– **la division**	12 : 6 = 2	(12 **divisé par** 6 égale 2)	(**diviser**)

• **La moitié 1/2, le tiers 1/3, le quart 1/4, le cinquième 1/5, le dixième 1/10**, etc., sont **des fractions**.

• Le nombre de publications a… **doublé**, **triplé**, **quadruplé**. **Le pourcentage** de publications a augmenté, il y a 3 % (trois **pour cent**) de publications en plus.

• Quand on fait une recette de cuisine, il faut respecter **les proportions** (= la quantité relative de chaque ingrédient). Le temps de cuisson est **proportionnel à** la taille du plat (= **plus** le plat est grand, **plus** le temps de cuisson est long).

• Si tu achètes 10 € de tickets de bus un mois et 5 € le mois suivant, **fais la moyenne** de tes achats : tu dépenses **en moyenne** 7,5 € par mois de tickets.

EXERCICES

1 Vrai ou faux ?

	VRAI	FAUX
1. 200 est un chiffre rond.	☐	☐
2. Si on compte de tête, on se sert d'une calculette.	☐	☐
3. Il habite 65, rue de la Mouche, c'est du côté des numéros pairs.	☐	☐
4. José fait le total pour vérifier son compte en banque.	☐	☐
5. 6 957 est un nombre à quatre chiffres.	☐	☐

2 Complétez en choisissant parmi les mots suivants :

arrondis – addition – moitié – calculette – total – égale – proportionnel – doublé – calcul mental – pourcentage – calcul – montant – fraction – moyenne

1. Alors, je fais le ______ : 29 + 19,50 € ______ je ne sais pas combien. C'est terrible, je suis mauvaise en ______ ______ . Attends, ça fait 48,50 €. Bon, j'______ à 50 €, d'accord ?
2. – Combien de kilomètres est-ce que tu fais par semaine ?
   – En ______ , 500. Il y a quelques mois, je faisais environ 300. Mes déplacements ont presque ______ !
3. À combien s'élève le ______ de vos achats ?
4. Je crois que j'ai fait une erreur de ______ . Est-ce que tu as une ______ pour que je vérifie ?
5. – Est-ce que tu vas manger tout le gâteau ? – Non, seulement la ______ .

3 Complétez les mots croisés suivants.

Horizontalement

1. 45 + 27 en est une.
2. 530 est un chiffre de ce type.
3. Quand on fait du calcul mental, on calcule de…
4. 6, 8, 10 sont des chiffres de ce type.
5. 1/2.

Verticalement

a. Synonyme de compter.
b. Multiplier par deux.
c. 578 en a trois.
d. 3, 5, 7 sont des chiffres de ce type.
e. C'est le contraire de multiplier.

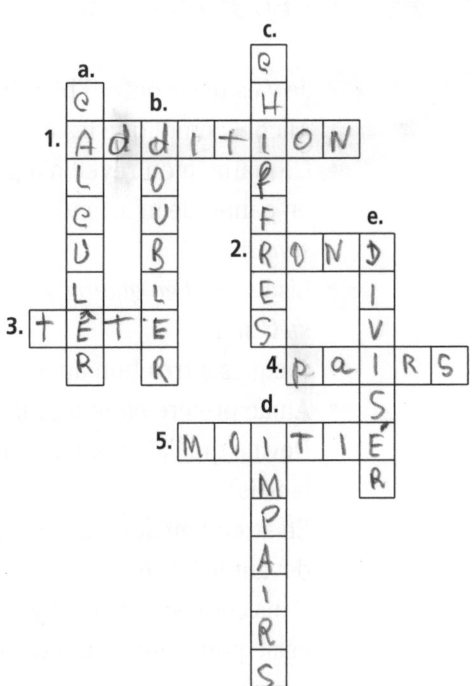

POIDS ET MESURES

- **un mètre**

- **Quelles sont les dimensions de** l'étagère ? **Elle est grande comment ?***

L'étagère **mesure / fait** 1 m **de long** = elle **a** 1 m **de longueur**.
35 cm **de large** = elle **a** 35 cm **de largeur**.
1,70 m **de haut** = elle **a** 1,70 m **de hauteur**.

- La chambre fait 3 m **sur** 4.
- Cette planche de bois **fait / a** 1 cm **d'épaisseur**.
- **Quelle est la profondeur** de la piscine ? Elle est **profonde** ?
- – Elle fait 2 mètres **de profondeur**.
- **À quelle distance** sommes-nous de Dijon ?
- – Nous sommes **à** 50 kilomètres **de** Dijon.
- **Combien pèse** ce sac ? Quel est son **poids** ?
- – Il **pèse / fait** 10 kilos.
- Le terrain **fait un hectare** = 10 000 **m²** (**mètres carrés**). Ce conteneur fait 50 **m³** (**mètres cubes**).
- Quelle est **la surface** de la pièce ?
- – Cette pièce a **une superficie** de 18 m².

QUELQUES EXPRESSIONS IMAGÉES

- Je vais te raconter l'histoire *en deux mots* (= brièvement).
- Michel complique les choses, *il coupe* toujours *les cheveux en quatre*.
- Ce matin, mon réveil n'a pas sonné, puis ma voiture est tombée en panne. Je m'attends à un troisième problème, car « *jamais deux sans trois* » !
- Lise *se met en quatre*, *se coupe en quatre* pour sa famille : elle fait tout pour sa famille.
- Jacques a très bon appétit, il *mange comme quatre*.
- Annie préfère *vivre à cent à l'heure* (= intensément) que de se reposer.
- Devine qui j'ai vu au théâtre : *je te le donne en mille* ! (= tu ne trouveras jamais).
- En attendant son fils, le père marche *de long en large*, il *fait les cent pas* devant le lycée.
- Dans cette situation, il y a *deux poids, deux mesures* (= la justice n'est pas égale pour tout le monde, elle n'est pas objective).

EXERCICES

1 **Quelles sont les dimensions de ces objets ? Constituez une phrase complète.**

L = 90 cm
l = 35 cm
H = 80 cm

L = 1,25 m
l = 0,75 m
épaisseur = 1,5 cm

L = 72 cm
l = 30 cm
H = 18 cm

L = 6 m
l = 4 m
surface = 24 m²

2 **Corrigez les phrases suivantes.**

1. Mon frère se coupe en trois pour ses amis.
2. J'ai fait les mille pas en attendant mon mari.
3. Quel appétit ! Tu manges comme deux !
4. David coupe toujours les cheveux en dix.
5. Jamais un sans deux !
6. Il m'a tout raconté en trois mots.

3 **Éliminez l'intrus.**

1. total / somme / soustraction
2. addition / quart / fraction
3. hectares / mètres / mètres carrés
4. addition / dimension / division
5. compter / calculer / peser
6. surface / superficie / profondeur

LA TAILLE

	≠
• **grand < immense < gigantesque** *La ville **s'agrandit** ; on **agrandit** la maison.*	• **petit < tout petit < minuscule** *Le vêtement **a rapetissé**.*
• **gros < énorme** *Luc **a grossi de** 4 kilos.* *Ce pull te **grossit**.*	• **mince, fin** *Léa **a** un peu **minci**.* *Cette jupe t'**amincit**.*
• **lourd < pesant** *Ce gros dictionnaire **alourdit** ma valise.*	• **léger « comme une plume »** *Enlever le dictionnaire **allège** ma valise.*
• **long** *La liste des participants **s'allonge**.* *J'**ai rallongé** ma jupe.*	• **court** *J'**ai raccourci** ma jupe.*
• **large** *Les chaussures vont **s'élargir** un peu.* *On **a élargi** la route.*	• **étroit** *Mon pull **a rétréci** au lavage.* *On **a retréci** la route.*
• **haut** *Il **hausse** les épaules, la voix…*	• **bas** *On **a abaissé** l'âge de la retraite.* *Le nombre de chômeurs **a baissé**.*

QUELQUES QUANTITÉS

• **Un tas de** sable.

Elle a **un tas* de choses à faire** = **pas mal* de** choses à faire.

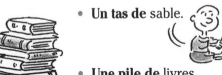

• **Une pile de** livres.

• **Un groupe de** touristes.

• **Une foule de** supporters = **de très nombreux** supporters.

Une foule* de détails
= une énorme quantité.
= une quantité **innombrable**.
= **une multitude**.

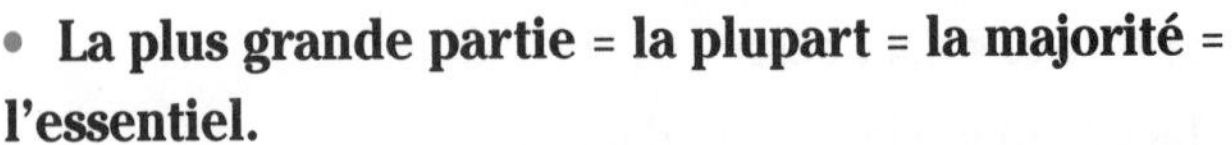

• **La plus grande partie** = **la plupart** = **la majorité** = **l'essentiel.**

→ *La plupart des touristes visitent le Mont-Saint-Michel.*

EXERCICES

1 Choisissez la bonne réponse.

1. Elle a perdu du poids, elle a un peu | minci | aminci |.
2. Mon pantalon était trop long, je l'ai | rétréci | raccourci |.
3. Il est devenu énorme, il a encore | grossi | agrandi |.
4. Ces bouteilles | allègent | alourdissent | mon sac.
5. Les voitures rouleront mieux quand on aura | élargi | abaissé | la route.
6. Ce gros manteau me | grossit | rallonge |.
7. Les gants vont | élargir | s'élargir |.
8. On a fait des travaux, on a | agrandi | allongé | la maison.

2 Associez pour constituer une phrase complète.

1. Il y a une pile de
2. La plupart de
3. J'ai un tas de
4. Nous avons pas mal
5. Il va enlever ce tas
6. Un groupe d'

a. élèves a visité le Louvre.
b. de questions à régler.
c. de pierres.
d. disques sur la table.
e. lettres à écrire.
f. mes amis sont étrangers.

3 Trouvez le verbe qui correspond aux noms et adjectifs suivants.

1. la soustraction ______________________
2. la mesure ______________________
3. lourd ______________________
4. rond ______________________
5. le compte ______________________
6. large ______________________
7. bas ______________________
8. le poids ______________________
9. étroit ______________________
10. court ______________________

4 Choisissez les termes possibles.

1. Le terrain *fait* / *mesure* / *pèse* 2 000 m^2.
2. La jeune femme a *grossi* / *minci* / *maigri* / *pesé*.
3. J'ai *triplé* / *rallongé* / *aminci* / *raccourci* ma robe.
4. Nous faisons *des dimensions* / *des calculs* / *la moyenne* / *des proportions* / *une erreur*.
5. Cet objet *calcule* / *fait* / *a* / *pèse* / *mesure* 2 cm d'épaisseur.
6. Je voudrais savoir *la superficie* / *le poids* / *la surface* / *les dimensions* de cette chambre.
7. *Ça fait* / *Nous sommes* / *Il a grossi de* / *Ça pèse* / *On arrondit à* 10.

2 LES FORMES, LES MATÉRIAUX ET LES TEXTURES

LES FORMES GÉOMÉTRIQUES

un angle droit

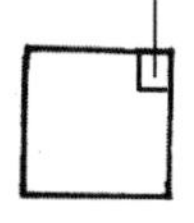

un carré
être carré

une diagonale

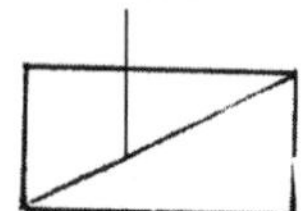

un rectangle
être rectangulaire

un angle aigu

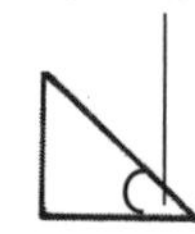

un triangle
être triangulaire

le rayon
le diamètre
la circonférence

un cercle / un rond
être circulaire / rond

un hexagone
être hexagonal

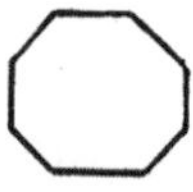

un octogone
être octogonal

un losange

un ovale
être ovale

une spirale

un cube
être cubique

pointu ≠ arrondi

une pyramide
être pyramidal

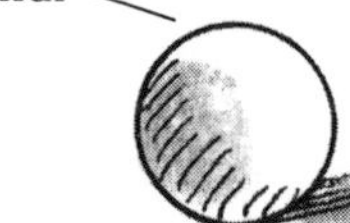

une sphère
être sphérique

un cylindre
être cylindrique

Remarque : À cause de sa forme, la France est parfois appelée **l'Hexagone**, et **hexagonal** est employé pour « français ».

une ligne droite

courbe

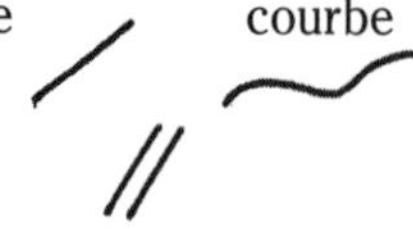

horizontale

verticale

deux lignes parallèles

perpendiculaires

L'USAGE ET L'ASPECT

→ *À quoi ça sert ?* – *Ça sert à coller.*
→ *Comment est-ce que ça s'utilise ?* – *Comme ça !*
→ *Tu connais le mode d'emploi ?* – *Oui, c'est facile à utiliser.*

EXERCICES

1 **Retrouvez huit termes de géométrie (horizontalement et verticalement).**

K W C T O E M J F
M P A N G L E I D
U S R A Y O N A C
G U R U L S D L U
X H E O V A L E B
K C Y L I N D R E
O F I E J G Z B I
S A S P H E R E M

2 **Éliminez l'intrus.**

1. cercle / rond / losange
2. sphère / cube / cylindre
3. triangle / rayon / pyramide
4. pointu / aigu / droit
5. vertical / spirale / horizontal
6. rectangulaire / perpendiculaire / parallèle

3 **Pour chaque dessin, choisissez la bonne légende.**

1.
a. carré
b. cube avec angles arrondis
c. cube

2.
a. triangle et carré
b. pyramide et cube
c. pyramide et carré

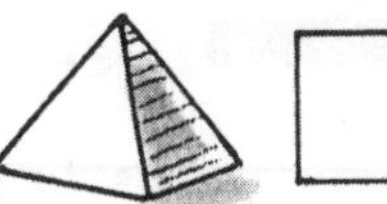

3.
a. diamètre et losange
b. losange et spirale
c. spirale et hexagone

4.
a. sphère et cylindre
b. rond et cylindre
c. rond et sphère

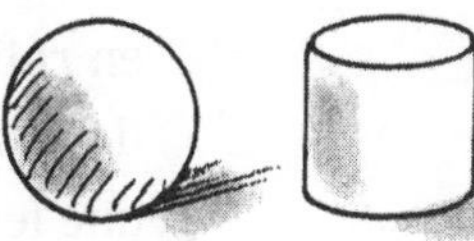

5.
a. octogone et ovale
b. hexagone et ovale
c. hexagone et spirale

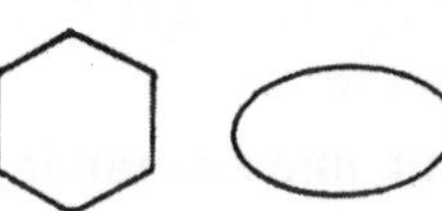

6.
a. deux lignes parallèles et une perpendiculaire
b. une ligne courbe, une horizontale et une verticale
c. une ligne droite, une perpendiculaire et une horizontale

C'est comment ? Ça se met où ?

Ça **se met** sur la table, ça **se pose** contre le mur.
≠ Ça **s'enlève** du mur.
Ça **se casse**, c'est **fragile** ≠ ça ne se casse pas, c'est **solide**, **incassable**.
Ça **ne prend pas l'eau**, c'est **imperméable**.
Ça **fait du bruit**, c'est **bruyant**.

Ça **se plie**, c'est **pliable**.

Ça **se tord**, et maintenant, c'est **tordu**.

- **creux** ≠ **plein**
- **épais** ≠ **fin**, **plat**
- **coupant** (= qui coupe bien)
- **compact** = **dense**
- **encombrant** = **volumineux** (= qui prend de la place)

LES TEXTURES

Ce pull en angora est très **doux**. ≠ Cette pierre est **dure**.
Attention, c'est dangereux, les pneus de ta voiture sont **lisses**.
Ce tissu est trop **mou**, il n'est pas assez **ferme**.
Il reste de la colle sur ce papier, le papier est **collant**, il **colle**.
Ce tissu est **souple**, **élastique** ≠ **raide**, **rigide**.

QUELQUES MATÉRIAUX

- **Le métal :** un bijou en **or**, une pièce en **argent**, une fourchette en **acier**, une grille en **fer**, un saxophone en **cuivre**, un tuyau en **plomb**, une casserole en **aluminium**…
- **Les matières naturelles :** une table en **bois**, un panier en **osier**, un fauteuil en **rotin**, une bougie en **cire**, une tasse en **porcelaine**, un peigne en **ivoire**, des chaussures en **cuir**, un carrelage en **céramique**, une boîte en **carton**, une feuille de **papier**…
- **Les matières synthétiques :** une boîte en **plastique**, des bottes en **caoutchouc**…
- **La pierre :** une statue en **marbre**, un verre en **cristal**, une bouteille en **verre**, un mur de **brique**, un immeuble en **béton**…
- **Les pierres précieuses : un diamant**, **une émeraude** (verte), **un saphir** (bleu), **un rubis** (rouge)…

Remarques :
- **Doré** = « de la couleur de l'or » ; **argenté** = de la couleur de l'argent (≠ en or, en argent).
- Quand un objet en fer est **oxydé**, il est **rouillé** : il y a de **la rouille** dessus.

EXERCICES

1 Choisissez la bonne réponse.

1. Ça prend / fait / met l'eau.
2. Ça se plie / plie / pliable.
3. C'est tordu / tord / se tord.
4. Ça prend / fait / se met contre le mur.
5. Ça solide / se casse / incassable.

2 Associez un objet avec un matériau (il y a parfois plusieurs possibilités).

1. une assiette
2. un couteau
3. une bague
4. un fauteuil
5. une veste
6. un vase
7. une petite cuiller

a. en cristal
b. en cuir
c. en porcelaine
d. en argent
e. en acier
f. en or
g. en rotin

3 Pour chaque dessin, choisissez les phrases qui correspondent.

1.

a. c'est rigide
b. c'est élastique
c. c'est lourd et encombrant
d. c'est rectangulaire
e. c'est léger
f. les bords sont arrondis

2.

a. ça prend l'eau
b. ça se casse
c. c'est coupant
d. ça se tord
e. c'est plein
f. c'est en verre

3.

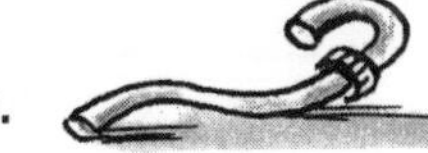

a. c'est creux
b. c'est mou
c. c'est pliable
d. c'est tordu
e. c'est en cire
f. c'est cylindrique

4.

a. c'est tordu
b. c'est mou
c. c'est en plastique
d. c'est léger
e. ça se casse
f. c'est lourd

5.

a. ça se plie
b. c'est souple
c. c'est encombrant
d. c'est léger
e. c'est collant
f. ça se casse

6.

a. c'est bruyant
b. c'est pliable
c. c'est encombrant
d. c'est léger
e. c'est mou
f. c'est en béton

QUELQUES EXPRESSIONS IMAGÉES

• Certains politiciens parlent *la langue de bois*, ils répètent mécaniquement des phrases sans substance.
• Marc a trop bu hier soir et ce matin, il *a la gueule* de bois*.
• « Pour l'instant – *je touche du bois* – je n'ai jamais été malade. »

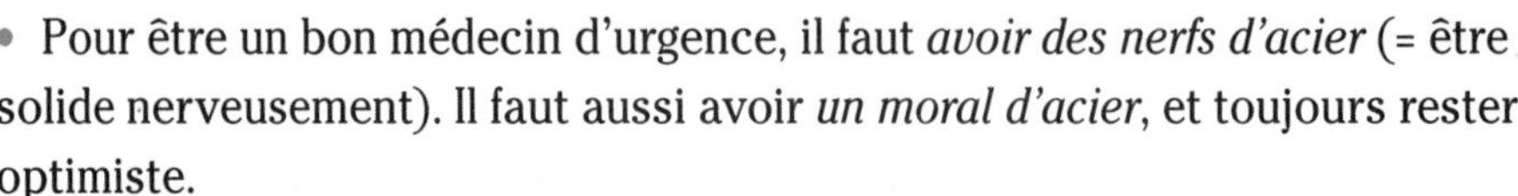

• Pour être un bon médecin d'urgence, il faut *avoir des nerfs d'acier* (= être solide nerveusement). Il faut aussi avoir *un moral d'acier*, et toujours rester optimiste.

• Patrick a *un cœur de pierre*, rien ne l'attendrit. Dans toutes les réunions, il ne manifeste pas la moindre émotion, il *reste de marbre*.
• Depuis que Solange l'a quitté, Benoît est *malheureux comme les pierres*. Pourtant, je *ne jette pas la pierre à* Solange (= je ne l'accuse pas), parce que Benoît a un caractère difficile.
• Je vais *faire d'une pierre deux coups* : quand j'irai au théâtre acheter les billets, je prendrai aussi les programmes pour l'année prochaine.

• Albert a acheté sa voiture *à prix d'or* (= très cher). Ça ne m'étonne pas, il *roule sur l'or* (= il est très riche). Le vendeur a fait *une affaire en or* (= avantageuse).
• Je ne voyagerai jamais toute seule dans le désert, *pour tout l'or du monde* !
• « *Le silence est d'or*, la parole est d'argent. » (proverbe)
• J'ai *un ami en or* (= merveilleux) ; il est très facile à vivre, il a *un caractère en or* ; il a beaucoup de qualités : il est vraiment très généreux, il a *un cœur d'or* !

• Annie a *une santé de fer*, elle est toujours en très bonne santé.
• Rosine a *une main de fer dans un gant de velours* : avec un sourire et de l'amabilité, elle est déterminée et autoritaire.

• Cette nuit, j'ai très bien dormi, j'*ai dormi d'un sommeil de plomb*.
• Il est 15 h. Il fait soleil et très chaud : il *fait un soleil de plomb*.

• « Tu ne sais pas ? Christian a gagné *une brique** (= 10 000 F) au Loto ! »

EXERCICES

1 **Choisissez la bonne réponse.**

1. Elle est malheureuse comme | les pierres | la pierre |.
2. Il parle la langue | en bois | de bois |.
3. Elle garde un moral | de fer | d'acier |.
4. Il ne m'a pas jeté | la pierre | la brique |.
5. Elle est généreuse, elle a un cœur | d'or | de pierre |.
6. Il n'a rien dit, il est resté | de marbre | de pierre |.
7. Le silence est | d'argent | d'or |.

2 **Complétez en vous aidant de la page ci-contre.**

1. Ma femme a un caractère en ____________________
2. Nous avons fait d'____________ deux ____________________
3. Il s'est réveillé ce matin avec une terrible ____________________
4. – Tu as bien dormi ? – Oui, ____________________
5. Ils ont gagné une fortune au Loto, maintenant, ils ____________________
6. Ce pilote a des ____________________ , même dans une situation dangereuse.
7. Elle a acheté une cuisinière électrique à moitié prix, elle a fait ____________________

3 **Quelle expression imagée serait la mieux adaptée à la situation ?**

1. En allant à la gare acheter les billets, nous passerons chez le garagiste.

____

2. Ce collectionneur a acheté ce tableau, qui lui a coûté une fortune.

____

3. Ce professeur a beaucoup de douceur, mais aussi beaucoup d'autorité.

____

4. Il ne tombe jamais malade, c'est extraordinaire.

____

5. Jusqu'à présent, ma voiture n'est jamais tombée en panne !

____

6. Jamais je ne quitterai cette ville, jamais !

____

7. Ce pauvre enfant est sombre et triste…

____

3 LES OBJETS : LUMIÈRE ET COULEURS

LA LUMIÈRE

Une lumière est **vive**. ≠ **faible**, **pâle**
Un appartement est **clair**, **lumineux**. ≠ **sombre**, **obscur**
Une couleur est **vive**. ≠ **terne**
L'eau est **claire**, **transparente**, **limpide**. ≠ **trouble**
Un verre est **transparent**. ≠ **opaque**
Un tissu est **chatoyant** (= plein de couleurs vives). ≠ **terne**
Je porte une jupe bleu **clair**. ≠ **foncé**
La peinture est **brillante**. ≠ **mate**

Un village désert, sous la pluie, est **morne** (= sombre et triste).

• Un diamant est très **brillant**, il **brille** beaucoup, comme une étoile dans le ciel.
Le soleil m'**éblouit**, le soleil est **éblouissant**, je suis aveuglé par le soleil.
Le miroir **reflète** mon image, je vois **mon reflet** dans le miroir.

Au carrefour, le feu de circulation orange **clignote**, c'est un feu **clignotant**.
J'aperçois **une lueur** (= une faible lumière) à travers les arbres.
Un rayon de soleil brille à travers les arbres.

Je vois **le faisceau lumineux** du phare, au bord de la mer.

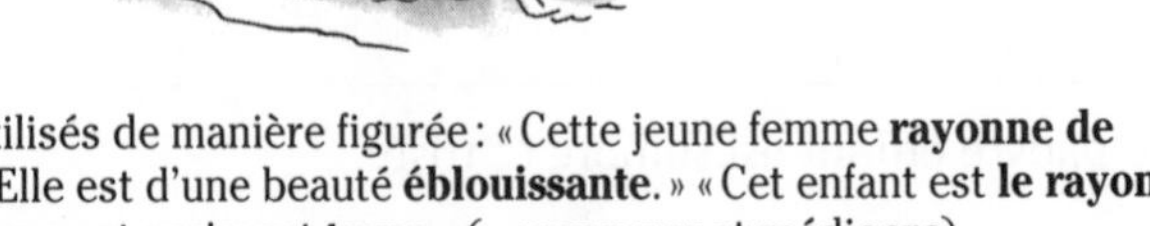

Remarque : Certains termes sont utilisés de manière figurée : « Cette jeune femme **rayonne de** bonheur », « elle est **rayonnante** ». « Elle est d'une beauté **éblouissante**. » « Cet enfant est **le rayon de soleil** de ses parents. » « Cet homme est vraiment **terne** » (= ennuyeux et médiocre).

EXERCICES

1 Répondez aux questions en disant le contraire.

1. – Est-ce que ce vase est transparent ?
   – Non, ______________________
2. – Tu aimes le gris foncé ?
   – Non, ______________________
3. – Est-ce que cette écharpe a des couleurs ternes ?
   – Non, ______________________
4. – Tu as repeint ta salle de séjour en peinture mate ?
   – Non, ______________________
5. – Est-ce que l'eau du lac est claire ?
   – Non, ______________________
6. – Est-ce que cette chambre est sombre ?
   – Non, ______________________

2 Choisissez la bonne réponse.

1. Cette femme n'a aucune personnalité, elle est [terne | sombre].
2. Il est très heureux, il est [rayonnant | chatoyant].
3. Ils habitent dans une petite rue [opaque | obscure].
4. La lumière de cette lampe est trop [faible | foncée], je n'y vois rien.
5. Comme ce paysage d'hiver est [pâle | morne] !

3 Choisissez les termes possibles.

1. L'eau est *limpide / obscure / trouble / foncée / transparente.*
2. Elle porte un pull vert *vif / terne / foncé / clair / mat.*
3. Cette salle de séjour est *trouble / claire / terne / sombre / obscure.*
4. La lumière de cette lampe est *opaque / vive / faible / foncée / pâle.*
5. La vitre est *transparente / lumineuse / opaque / chatoyante.*

4 Devinettes.

1. Quel est le point commun entre un rayon de soleil et un diamant ? ______________________
2. Qu'est-ce que nous voyons dans le miroir ? ______________________
3. Qu'est-ce qui clignote ? ______________________
4. Qu'est-ce qui nous éblouit ? ______________________
5. Qui peut être rayonnant ? ______________________
6. Qu'est-ce qui peut être terne ? ______________________

LES COULEURS

Remarque : Si on ajoute à un adjectif de couleur le suffixe péjoratif *-âtre*, il signifie alors « plus ou moins de la couleur en question » (**verdâtre**, **rougeâtre**...).

Noir

- Cet écrivain pratique **l'humour noir** : l'humour sur des sujets tristes ou dramatiques.
- Lors de la coupe du monde de football, certaines personnes ont acheté des billets **au marché noir** (= le marché illégal). Stéphane **travaille au noir*** (= illégalement).
- Elle était furieuse contre moi, elle m'**a regardé d'un œil noir**.
- Il est déprimé : il **a des idées noires**, il **voit tout en noir**, il **noircit** tout.
- Non, ce n'est pas possible, je ne te crois pas !
– Mais si, regarde, **c'est écrit noir sur blanc** (= clairement) !
- J'aime beaucoup **le raisin noir**.
- Il fait **nuit noire**.

Blanc

- J'aime **le raisin blanc**, **la viande blanche** (veau, volaille...) et **le pain blanc**.
- L'autre jour, j'ai été malade, j'ai passé **une nuit blanche** (= je n'ai pas dormi), j'étais **blanc comme un linge**.
- Mon chef m'**a donné carte blanche** : je peux décider librement, comme je veux.
- Ce politicien n'est pas **blanc comme neige**, il n'est pas très honnête. On l'accuse d'avoir **blanchi** de l'argent (= dissimulé de l'« argent sale », de l'argent de la drogue par exemple). C'est pour cette raison que j'**ai voté blanc** aux dernières élections : j'ai mis **un bulletin blanc** (= vide) dans l'urne.
- Il m'a expliqué d'**une voix blanche** toutes les horreurs qu'il a vues pendant cette guerre : il a vu des enfants se battre **à l'arme blanche** (≠ arme à feu).

Bleu

- Est-ce que je peux payer par **carte bleue** (= terme usuel pour une carte de crédit) ?
- J'ai failli avoir un accident, j'**ai eu une peur bleue** (= une grosse peur).
- Pour faire les travaux , il a mis **son bleu de travail** (= vêtement de travail).
- Claire est très sentimentale, elle est vraiment **fleur bleue**.

EXERCICES

1 Choisissez la bonne réponse.

1. À mon avis, il n'est pas honnête, il n'est pas blanc | comme neige | comme un linge |.
2. Cet horrible bruit m'a fait une peur | noire | bleue |.
3. Il a acheté des cigarettes au marché | au noir | noir |.
4. Je te dis que c'est écrit | noir sur blanc | en noir et blanc | !
5. Elle voit tout | d'un œil noir | en noir |.
6. Joël a passé une nuit | noire | blanche |.
7. Ma fille est très fleur | blanche | bleue |.

2 Complétez.

1. Il fait __________ noire !
2. Il m'a __________ d'un œil noir.
3. Ils ont __________ blanc aux dernières élections.
4. Elle a répondu d'__________ blanche.
5. Comme le bébé était malade, ils ont passé une __________ blanche.
6. Tu m'as fait une __________ bleue !
7. Mes parents m'ont donné __________ blanche pour acheter une télévision.
8. Il mange du __________ noir comme dessert.

3 Les mots ont été déplacés d'une phrase à l'autre ; remettez-les en place.

1. Il a des idées *blanches* parce qu'il habite dans un appartement *noir*.

____

2. Il fait nuit *foncé*, je ne vois pas du tout si cette couleur est *bleue* ou *rayonnante*.

____

3. Figure-toi qu'elle a passé deux nuits *lumineux* et elle est quand même *morne* !

____

4. Comme il voit tout en *bleue*, il trouve sa ville *foncée*.

____

5. J'ai aperçu un faisceau *sombre* qui m'a fait une peur *claire*.

____

6. J'ai acheté une cravate vert *noires* que j'ai payée par carte *noire*.

____

Vert

• Le vert évoque d'abord la nature : chaque printemps, la nature **verdit**, on voit beaucoup de **verdure**, la campagne est **verdoyante**. L'expression **« Les Verts »** désigne les écologistes.
« Comme je suis très fatigué, je vais **me mettre au vert** dans ma maison de campagne.
– Bonne idée ! En plus, ton jardin est magnifique, les plantes poussent sans problème. Tu **as la main verte.** »

• « Pendant cette période de ma vie, j'**en ai vu des vertes et des pas mûres*** » = j'ai vu des choses choquantes et difficiles (par comparaison avec des fruits **verts** ≠ mûrs).

• Le vert évoque aussi des émotions négatives :
« Quand il me voit dans ma superbe voiture de sport, il est **vert de jalousie** ! »

• Enfin, le vert évoque l'autorisation, la possibilité de passer (au feu de circulation) :
« Mon chef m'**a donné le feu vert, j'ai le feu vert de** mon chef » (= j'ai son approbation, son autorisation, il est d'accord).
« Quand on compose **un numéro vert**, on ne paye pas, l'appel est gratuit. »

Rouge

• Le feu **est passé au rouge**, les voitures doivent s'arrêter.
• Mon compte en banque est **dans le rouge**, je ne peux plus dépenser un centime.
• Je ne veux pas être dérangé, j'ai mis mon numéro de téléphone sur **la liste rouge**.
• Il a acheté **un poisson rouge** pour mettre dans son aquarium.
• Thierry **rougit** facilement, et hier, il était **rouge de honte**.
• Elle se maquille, elle met **du rouge à lèvres**.

Rose

• La vie est dure, **ce n'est pas rose** tous les jours.
• Chantal est optimiste, elle **voit la vie en rose**.

Il en a vu de toutes les couleurs : il a eu des expériences difficiles, douloureuses, dangereuses.

EXERCICES

1 **Choisissez les termes possibles.**

1. Marc est *vert de jalousie* / *dans le rouge* / *au rouge* / *rouge de honte.*
2. Il en a vu *des vertes et des pas mûres* / *le feu vert* / *de toutes les couleurs* / *la vie en rose.*
3. Nous avons *la vie en rose* / *la main verte* / *le feu vert du patron.*
4. Vous mangez *du raisin noir* / *du rouge à lèvres* / *du pain blanc* / *un poisson rouge.*
5. Elle voit *tout en noir* / *la vie en rose* / *fleur bleue.*
6. Je lui ai donné *noir sur blanc* / *au vert* / *le feu vert* / *carte blanche.*

2 **Quelle expression conviendrait à chacune des situations ?**

1. Il voit toujours le bon côté des choses, c'est un optimiste.

____

2. Nous avons enfin obtenu l'autorisation du gouvernement de commencer les travaux.

____

3. Ça fait des mois qu'il n'est pas sorti de Paris, de la pollution, du stress. Il doit changer d'air.

____

4. Chez Julien, les plantes poussent très facilement, il a un magnifique jardin.

____

5. Cet homme est réfugié politique, il a eu une vie pleine de dangers et de difficultés.

____

3 **Complétez la lettre suivante par des expressions imagées sur les couleurs.**

Ma chère Anne,
Je t'écris de la campagne où je suis allée me ______________ ;
j'étais tellement fatiguée que j'étais ______________
comme un linge. Bien sûr, mes collègues m'ont regardée
d'______________ quand j'ai annoncé que je partais pour
trois semaines, mais mon chef m'a donné ______________ .
J'en avais bien besoin. Ces derniers jours, je voyais tout
______________ ; en plus, je n'avais plus un centime, mon
compte était ______________ .
Grâce à cette belle nature ______________ , je recommence à
voir la vie ______________ .
Je t'embrasse de tout cœur !
Lise

4 LE JARDINAGE ET LE BRICOLAGE

LE JARDINAGE

René et Maryse sont de bons **jardiniers**.

René **plante** un arbre.
Avec **la bêche**, il **creuse / fait un trou** assez profond.

Avec **la pelle**, il **enlève la terre** et la met dans **la brouette**.

Il **met** l'arbre **en pleine terre**, l'**attache** à **un tuteur** et **rebouche** le trou.

Avec **un râteau**, il **ratisse** autour de l'arbre.

Il **ramasse des feuilles mortes**.

Il **rentre les plantes fragiles** dans **la serre**.

Maryse **a mis ses gants de jardin** et **taille les rosiers** avec son **sécateur**.

Elle **sème des graines de fleurs**. Elle **plante** aussi **des bulbes (jacinthes, jonquilles)** pour que les fleurs sortent au printemps.

Elle **arrose** le jardin avec **un tuyau d'arrosage** et **les plantes en pot** avec **un arrosoir**.
Elle leur donne aussi de **l'engrais** quand la terre n'est pas assez **fertile**.

Elle **désherbe les plates-bandes** : avec **une binette**, elle **arrache les mauvaises herbes** qui **repoussent** si vite.
Elle utilise aussi du **désherbant chimique**.

QUELQUES EXPRESSIONS IMAGÉES

- « J'ai eu une promotion ! *Il faut arroser ça !** » (= ouvrir une bouteille en cet honneur)
- *On récolte ce qu'on sème :* on a les résultats qu'on mérite.
- *Il paye les pots cassés :* il subit les conséquences négatives d'une décision.

EXERCICES

1 **Identifiez, parmi ces mots, les outils de jardin.**

un rideau – un verre – une brouette – un gâteau – un tuteur – une pêche – une graine – une bêche – un râteau – une couette – un rosier – une paille – un bulbe – un tuyau – un sécateur – un jardinier

____

____

____

2 **Associez l'outil et la fonction.**

1. un sécateur	**a.** désherber
2. une binette	**b.** arroser
3. une brouette	**c.** tailler
4. des gants	**d.** creuser
5. une bêche	**e.** transporter
6. un tuyau	**f.** protéger

3 **Choisissez la bonne réponse.**

1. Il | rebouche | ramasse | repousse | des branches mortes.

2. Elle | désherbe | taille | sème | des graines.

3. Elle | plante | fait | enlève | la terre.

4. Il | arrache | désherbe | plante | les mauvaises herbes.

5. Il | creuse | plante | sème | des bulbes.

6. Elle | taille | rentre | désherbe | les plates-bandes.

4 **Vrai ou faux ?**

	VRAI	FAUX
1. Il creuse un trou, donc il utilise une bêche.	❑	❑
2. Elle désherbe = elle ramasse les herbes.	❑	❑
3. Elle plante une fleur = elle arrache une fleur.	❑	❑
4. Il rebouche un trou, donc il utilise un râteau.	❑	❑
5. Il sème des fleurs, donc il a des graines dans la main.	❑	❑
6. Elle arrose les rosiers = elle leur met de l'engrais.	❑	❑
7. Il attache l'arbre à un tuteur, parce qu'il est fragile.	❑	❑

LE BRICOLAGE

Le bricolage est l'une des activités favorites des Français. Certains hommes sont très **bricoleurs**, et des femmes, **bricoleuses** : ils aiment **bricoler** et passent des heures au rayon « **bricolage** » des grandes surfaces pour trouver **le** meilleur **outil**.

Remarque : **Une bricole** est une « petite chose » : *« J'ai acheté une bricole pour l'anniversaire de Clément. »*

- Dans **la boîte à outils** :

un marteau pour **planter** = **enfoncer des clous** = **clouer**
une pince pour **enlever** des clous
le tournevis pour **visser** ≠ **dévisser les vis**
la clé à molette pour **serrer** ≠ **desserrer les boulons**
une perceuse pour **percer** des trous dans les murs
des chevilles et des vis pour **fixer** des objets au mur
un pinceau pour **passer du vernis** ou de **la peinture**
un rouleau pour **peindre**
une scie pour **scier une planche**
une hache pour **couper** du bois.
une lime pour **limer** les métaux
du **papier de verre** pour **poncer**
du **fil de fer** que l'on peut **tordre**

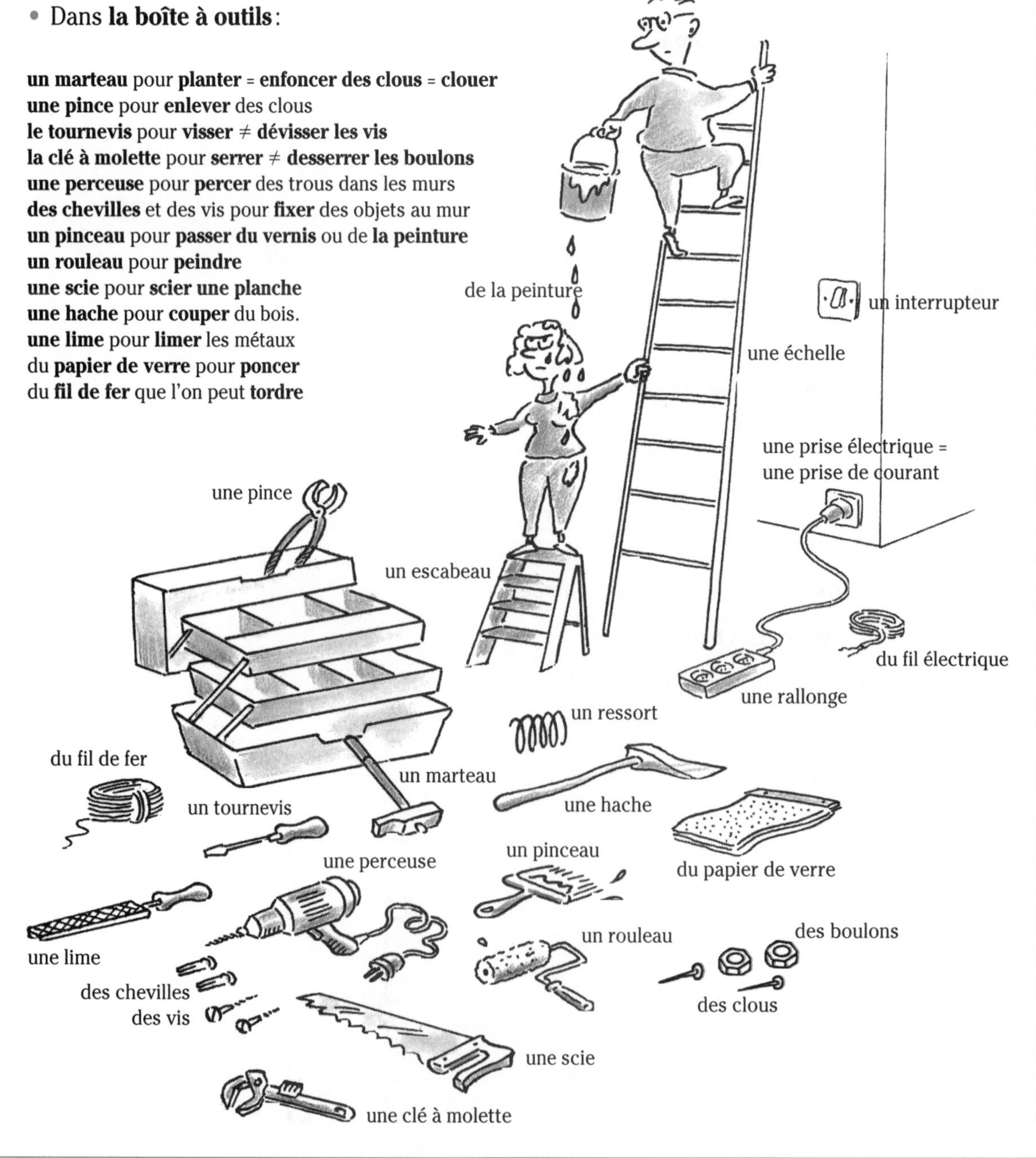

EXERCICES

1 De quel(s) objet (s) ont-ils besoin ?

1. Basile veut repeindre sa cuisine. ______________________
2. Le fil de la lampe de Christine est trop court. ______________________
3. Eustache est trop petit pour ouvrir le placard. ______________________
4. Pierre veut planter un clou. ______________________
5. Brigitte veut nettoyer sa table avant de la vernir. ______________________
6. Patrick veut couper du bois pour la cheminée. ______________________
7. Anne veut faire un trou dans le mur. ______________________

2 Éliminez l'intrus.

1. clou / cheville / tournevis
2. arrosoir / pinceau / tuyau
3. lime / sécateur / scie
4. râteau / marteau / binette
5. bricolage / bricoler / bricole
6. échelle / tuteur / escabeau

3 Font-ils du jardinage ou du bricolage ?

1. Il creuse un trou. ______________________
2. Il perce un trou. ______________________
3. Il ramasse des feuilles. ______________________
4. Il plante un clou. ______________________
5. Il plante un arbre. ______________________
6. Il scie une planche. ______________________
7. Il enlève de la terre. ______________________
8. Il enlève un clou. ______________________
9. Il taille un arbre. ______________________
10. Il ponce une planche. ______________________

4 Choisissez la ou les bonnes réponses.

1. Pour peindre, il me faut *une pince* / *des pinceaux* / *des rouleaux.*
2. Pour couper du bois, il utilise *un sécateur* / *une scie* / *une perceuse.*
3. Pour fixer un tableau au mur, elle prend *un marteau* / *des clous* / *un ressort.*
4. Pour changer la lampe du plafond, il faut *une rallonge* / *un escabeau* / *un interrupteur.*
5. Pour arracher des clous, il faut *une binette* / *un tournevis* / *une pince.*
6. Pour attacher ces deux morceaux de bois, il faut *du fil électrique* / *du fil de fer* / *du papier de verre.*
7. Pour arroser, elle prend *un tuteur* / *un arrosoir* / *un tuyau d'arrosage.*
8. Pour transporter les feuilles mortes, il utilise *une bêche* / *une scie* / *une brouette.*

LES INCIDENTS DOMESTIQUES ET LES RÉPARATIONS

• Il y a **une réparation à faire** / il y a quelque chose à **réparer**. Un appareil **est tombé en panne** = **il ne marche plus**, il faudra probablement **changer une pièce**. **On fait venir quelqu'un : un électricien, un plombier** pour les tuyaux, toilettes, etc., **un peintre, un maçon** pour la construction, **un réparateur** pour **les appareils ménagers** (machine à laver, télévision...).

Il y a **une fuite d'eau : le robinet fuit, le joint** du robinet est **usé** et il faut le changer.
La baignoire déborde.
La chasse d'eau ne marche plus. **Les toilettes sont bouchées**, il faut les **déboucher**.

La clé **est coincée** dans **la serrure** ;
je me suis enfermé dehors / dedans.
Je vais appeler **un serrurier**.

Il y a **une coupure d'électricité, de courant**, on **a coupé** le courant.
Il y a **une panne d'électricité**, c'est peut-être **un court-circuit**.

L'électricité **a été rétablie**.

L'ampoule est grillée ;
je dois acheter
une ampoule de 60 **watts**.

On **a renversé** du vin sur **la moquette** = on a fait **une tache** de vin sur la moquette.
Il faut **enlever** la tache avec du **détachant**.
Il faut **frotter** avec **une brosse** ou **un chiffon**.

La porte **grince**, il faut l'**huiler**.
La fenêtre **ferme mal** et **la vitre est cassée**.

Un objet **s'est cassé** : il faut le **recoller** avec de **la colle** (à bois, à métaux...).

QUELQUES EXPRESSIONS IMAGÉES

• Ce numéro de magicien était *le clou de la soirée* : le moment le plus important.
• Cet homme est *un vrai pot de colle** : impossible de m'en débarrasser !
• Mon idée *a fait tache d'huile* : plusieurs personnes l'ont imitée.
• Laure est sympathique, mais un peu *coincée* (= rigide).

EXERCICES

1 Choisissez la bonne réponse.

1. Il y a | une coupe | une coupure | de courant.
2. Le lavabo | déborde | dévisse | .
3. Il a | renversé | enlevé | du café par terre.
4. | Le robinet | Le courant | est coupé.
5. Les toilettes ne marchent plus. Il faut les | déboucher | boucher | .
6. Je dois changer la prise | d'électricité | électrique | .
7. Elle enlève la tache avec du | désherbant | détachant | .

2 Devinez le problème que ces personnes ont à résoudre.

1. Quentin a acheté une ampoule parce que... ______________________
2. Nathalie va chercher du détachant. ______________________
3. Lucien a trouvé de la colle. ______________________
4. Roland doit acheter un nouveau joint. ______________________
5. Victor cherche partout des bougies. ______________________
6. Heureusement que le mari de Nadège est serrurier ! ______________________

3 Complétez la petite lettre qu'Émilie laisse à son ami.

Chéri,
Tu sais, il y a plein de choses qui ne __________ pas dans la maison...
Il y a __________ d'eau dans la cuisine : c'est peut-être à cause d'un __________ usé. Je n'arrive plus à ouvrir la fenêtre de la chambre, elle est __________. Je t'ai laissé un tube de __________, parce que deux tasses sont __________, tu pourrais les __________.
N'oublie pas d'__________ mes plantes : __________ est rangé sur le balcon.
J'embrasse mon charmant bricoleur-jardinier ! Émilie

4 Corrigez les erreurs dans les phrases suivantes. Plusieurs solutions sont parfois possibles.

1. Il a coupé le courant avec un sécateur. ______________________
2. Elle a ouvert la porte avec une clé à molette. ______________________
3. Il a fait un trou dans le mur avec une bêche. ______________________
4. Il a pris un marteau pour planter un arbre. ______________________
5. Elle a fixé l'arbre à son tuteur avec une vis. ______________________

5 LA CUISINE – LES RECETTES

LES DIFFÉRENTS TYPES DE CUISINE

• *Louis :* « J'aime bien **la cuisine traditionnelle** française : elle est **savoureuse** (= elle **a beaucoup de goût**) et **copieuse** (= abondante), mais je la trouve un peu **lourde**. On cuisine **à la crème** et **au beurre** dans plusieurs régions. »
• *Éliane :* « Je préfère la "**nouvelle cuisine**". Elle est plus **légère**, car on **cuisine** beaucoup **à l'eau** ou **à la vapeur**. J'apprécie aussi la cuisine "**exotique**" (= des pays lointains), qui mélange des **ingrédients** et des **épices** rarement utilisés, ou même inconnus en France. »
• *Hélène :* « Eh bien, moi, je suis **végétarienne**, je ne mange pas de **viande**, mais je mange du **poisson** et des **œufs**, bien sûr. En plus, j'achète **des produits** "**biologiques**" (= naturels), parce que je ne veux pas manger de **saletés*** (= de mauvaises choses) **chimiques**. »

QUELQUES CUISINES RÉGIONALES

Chaque région de France a des ingrédients favoris (généralement produits localement), des **spécialités** (= des **plats** typiques) et des vins ou alcools :

• *Normandie, Bretagne :* la crème, le beurre salé, les pommes, les poissons, les fruits de mer, les galettes salées et les crêpes sucrées, le fromage (le camembert, le pont-l'évêque...) ; le cidre (boisson légèrement alcoolisée à base de pommes) et le calvados (alcool de pomme).
• *Bourgogne :* le bœuf, les escargots, le fromage de chèvre (le « crottin de Chavignol » que l'on prépare chaud, au four...) ; et, bien sûr, le vin rouge et le vin blanc.
• *Alsace :* la choucroute (plat chaud de chou blanc et de charcuteries), la soupe à l'oignon, le fromage (munster), les gâteaux et les tartes aux fruits ; le vin blanc.
• *Périgord :* le confit de canard, le foie gras, la charcuterie, les champignons (truffes, cèpes...) ; le vin rouge et l'armagnac.
• *Midi de la France :* la soupe au pistou (au basilic), la ratatouille (courgettes, aubergines, tomates, oignons mélangés), la bouillabaisse (plat de poissons), la soupe de poissons, le cassoulet (plat de saucisses, confit de canard et haricots blancs), les condiments : l'ail et les herbes de Provence (thym, romarin, laurier, etc.), l'huile d'olive ; le vin des Côtes-du-Rhône et le pastis (apéritif à base d'anis).

EXERCICES

1 Vrai ou faux ?

	VRAI	FAUX
1. La « nouvelle cuisine » n'est pas lourde.	❑	❑
2. Les produits « bio » sont chimiques.	❑	❑
3. La cuisine traditionnelle se fait surtout à la vapeur.	❑	❑
4. Les végétariens ne mangent pas d'œufs.	❑	❑
5. Toutes les régions de France produisent du vin.	❑	❑
6. On peut servir certains fromages chauds.	❑	❑
7. Dans le Midi de la France, on cuisine surtout au beurre.	❑	❑

2 Complétez le tableau.

calvados – munster – pastis – cassoulet – camembert – choucroute – armagnac – crottin de Chavignol – bouillabaisse – cidre

Fromage	Boisson	Plat
____________	____________	____________
____________	____________	____________
____________	____________	____________
____________	____________	____________

3 Pour chacun de ces menus, les plats principaux ont été intervertis ; remettez-les à leur place et identifiez la région d'origine.

Menu 1. Spécialités de ____________________

- *Soupe à l'oignon*
- *Galette aux épinards et œufs*
- *Tarte aux cerises*
- *Vin blanc*

Menu 2. Spécialités de ____________________

- *Soupe au pistou*
- *Confit de canard*
- *Salade de fruits*
- *Côtes-du-Rhône*

Menu 3. Spécialités de ____________________

- *Salade au foie gras*
- *Choucroute*
- *Pruneaux à l'armagnac*
- *Bordeaux rouge*

Menu 4. Spécialités de ____________________

- *Galette aux champignons et à la crème*
- *Bouillabaisse*
- *Crêpe aux pommes flambée au calvados*
- *Cidre*

LES DIFFÉRENTS TYPES DE REPAS

• **Qu'est-ce qu'on mange**, ce soir ? J'**ai une faim de loup***!
– **Une salade verte assaisonnée** avec une sauce **vinaigrette** (= huile, vinaigre, sel, poivre) et des herbes, **des côtelettes d'agneau** à la poêle avec **un gratin de** pommes de terre. Et puis **une salade de fruits** ou tout simplement **un yaourt**.
– Et **qu'est-ce qu'on boit** ?
– Un **petit** vin rouge (≠ un « **grand** » vin, un vin de très grande qualité).

• Qu'est-ce que vous emportez pour **un pique-nique** à la campagne ?
– Des choses très simples : de **la charcuterie** (du **saucisson**, du **pâté**, du **jambon blanc** ou du **jambon cru**), **une baguette** bien sûr (= du pain), et **une salade de riz** avec **des tomates**, **des poivrons**, **des olives noires**. J'emporte aussi **un thermos** pour avoir du café chaud.

• Qu'est-ce que vous préparez pour un repas rapide, quand vous êtes pressée ?
– J'achète **des plats tout préparés** chez **le traiteur**, ou bien je sors **des surgelés** du congélateur. Je les **mets au four à micro-ondes**, et c'est vite prêt ! Ce n'est pas un repas **gastronomique**, je ne suis pas très **gourmande**...

• Qu'est-ce que vous préparez pour **un repas de fête** ?
– Eh bien, pour **le réveillon de Noël** (= le soir du 24 décembre), je **sers** un dîner traditionnel : **en entrée**, **des huîtres accompagnées d'**un vin blanc **sec** ; comme **plat principal**, **une dinde aux marrons** (= **farcie** avec des marrons) avec un bon **bordeaux** rouge ; j'ajoute un beau **plateau de fromages** « **fermiers** » (≠ industriels) ; enfin, comme **dessert**, la fameuse **bûche de Noël** (= gâteau à la crème) avec du **champagne**.

LES MODES DE CUISSON

EXERCICES

1 Éliminez l'intrus.

1. salade verte / salade de fruits / vinaigrette
2. micro-ondes / surgelés / fromage fermier
3. dinde / jambon cru / pâté de canard
4. un petit vin / un bon bordeaux / un champagne
5. réveillon / entrée / bûche de Noël
6. pastis / thermos / pique-nique

2 Comment faire cuire ? Associez (plusieurs réponses sont parfois possibles).

1. pommes de terre	a. au four
2. pain	b. en papillotes
3. poulet	c. faire frire
4. oignons coupés en morceaux	d. à la vapeur
5. steak	e. faire bouillir
6. poisson frais	f. faire rôtir
7. lait	g. faire griller
	h. à la poêle

3 Corrigez l'erreur dans chacune des phrases suivantes.

1. La dinde aux marrons est un dessert de Noël.
2. Le saucisson est de la boucherie.
3. Un repas gastronomique se fait cuire au four à micro-ondes.
4. Le bordeaux est un apéritif.
5. On pose le thermos sur la table du réveillon.
6. J'ai fait cuire les pommes de terre en papillotes, c'est-à-dire à l'eau.
7. Elle a fait mijoter la viande à feu vif.

4 Choisissez la bonne réponse.

1. Selon la tradition, il boit du | cidre | champagne | en mangeant des crêpes.
2. J'ai mis un peu de | beurre | vinaigrette | sur mon steak.
3. Nous avons préparé un gratin de | chou-fleur | dinde |.
4. Elle a emporté une | bouteille | thermos | de vin.
5. La bouillabaisse est un plat | copieux | exotique |.
6. L'ail est un | condiment | plat |.

QUELQUES GESTES CULINAIRES

éplucher une pomme de terre

remuer avec **une cuiller en bois**

battre des œufs **en neige** avec **un batteur**

râper du fromage

verser dans une casserole

couper des rondelles de saucisson, **des tranches** de pain

entamer un pot de moutarde ; après quoi, le pot est **entamé**

découper un poulet sur **une planche à découper (l'aile, la cuisse, le blanc)**

préparer un poisson **(les arêtes, la tête, la peau)**

déboucher une bouteille avec **un tire-bouchon**

QUALITÉS ET DÉFAUTS DES PRODUITS

⊕ une tomate **bien mûre** ; un camembert **moelleux** ; une sauce **onctueuse** ; une orange **juteuse** ; des croissants **chauds** ; une viande **tendre**.

⊖ la viande est **trop salée** ≠ **pas assez** salée ; la confiture est trop **sucrée** ; les haricots verts sont **trop cuits** ; le yaourt est **périmé** (= la date limite de vente est dépassée) ; le poisson n'est **pas frais** ; la viande est **dure** ; le pain est **sec**, **rassis** (≠ **mou**) ; la glace **a fondu**.

QUELQUES EXPRESSIONS IMAGÉES

- *Ça ne mange pas de pain** : ce n'est pas trop difficile.
- *Il y a à boire et à manger** : il y a de bonnes et de mauvaises choses.
- *Boire comme un trou** : boire énormément (d'alcool, bien sûr...).
- *Avoir un appétit d'ogre* (= un gros appétit) ≠ *un appétit d'oiseau.*

Remarques :
- Utilisation de « **à** » :

– une tarte **aux** pommes, une crêpe **à la** confiture (= avec des pommes, de la confiture...) ;
– un pot-au-feu « **à l'**ancienne » ; un plat « **à la** lyonnaise » (= à la manière ancienne, à la manière lyonnaise...) ;
– un plat cuit « **au** four », « **à la** poêle » (= cuit au moyen du four, de la poêle).

- Utilisation de « **de** » :

– de la confiture **d'**orange, un gratin **de** chou-fleur (= fait à base d'orange, de chou-fleur...).

EXERCICES

1 **Complétez les mots manquants dans les recettes suivantes.**

1. Le gratin dauphinois

1kg de pommes de terre – 2 œufs – 1/2 l de lait – 100 g de crème fraîche – 40 g de beurre – 100 g de gruyère – ail, sel, poivre

râpez – bouillir – battez – remuez – coupez – épluchez – assaisonnez – cuire – versez

a. ____________ les pommes de terre et ____________-les en rondelles fines.

b. Frottez un plat à gratin avec de l'ail et du beurre, puis placez-y les pommes de terre.

c. Faites ____________ le lait.

d. ____________ les œufs en omelette. Mélangez avec le lait et la crème. ____________ bien.

e. ____________ le mélange sur les pommes de terre. ____________ avec du sel et du poivre.

f. ____________ le gruyère et mettez-le sur les pommes de terre. Ajoutez le reste de beurre.

g. Mettez à ____________ à four chaud pendant 45 minutes.

2. La mousse au chocolat

200 g de chocolat noir – 150 g de sucre – 4 œufs – un peu de café fort

neige – fondu – ajoutez – battez – versez – fondre

h. Faites ____________ le chocolat dans une casserole avec le café.

i. ____________ les jaunes d'œufs.

j. ____________ les blancs en ____________ .

k. ____________-les doucement dans le chocolat ____________ et ajoutez le sucre.

2 **Choisissez les termes possibles.**

1. Il *fait cuire / coupe en rondelles / découpe / épluche / sucre* les pommes de terre.

2. Je prépare *un plat / un poisson / une spécialité / un appétit.*

3. La sauce est *salée / sucrée / trop cuite / onctueuse / bien mûre / juteuse.*

4. Il enlève *les arêtes / la cuisse / la peau / la neige / la tête* du poisson.

5. La glace est *dure / trop sucrée / salée / sèche / trop cuite.*

3 **Formulez le nom du plat en utilisant la préposition adéquate.**

1. Une tarte avec des abricots ________________________________

2. Des pommes de terre cuites dans le four ________________________________

3. Des tomates cuites comme en Provence ________________________________

4. Un gratin à base d'aubergines ________________________________

5. Un croissant avec des amandes ________________________________

6. Une glace avec de la fraise ________________________________

6 LES MOUVEMENTS, LES GESTES ET LES POSTURES

LES MOUVEMENTS DU CORPS

• On **fait un mouvement** ou **un geste** = on **remue** une partie du corps = on **bouge**.

• Il **se retourne**.

• Tu **trembles comme une feuille** !
– Mais non, je **frissonne** simplement. J'**ai des frissons**, parce que j'ai froid.

• Damien **donne un coup de pied** et Blaise donne **un coup de poing**.

• Comment est-ce que tu **te déplaces** ? En voiture ? En métro ? Est-ce que tu **fais** beaucoup de **déplacements** pour ton travail ?

• Denis **glisse** (1) **sur** le trottoir. Agnès **bute** (2) **contre** une marche. Bruno **marche** (3) **sur** le pied de la dame. L'enfant **avance** (4) pour **traverser** la rue et risque de **se faire renverser** par une voiture ; Flo **se précipite** (5) et le **rattrape** (6) **par** le bras.

• Elle **s'est approchée du** chat, mais il **s'est enfui**.
Elle a essayé de le **retenir**, mais il **s'est échappé**.
Il **a sauté par la fenêtre** (1) et il **a grimpé** dans l'arbre (2).

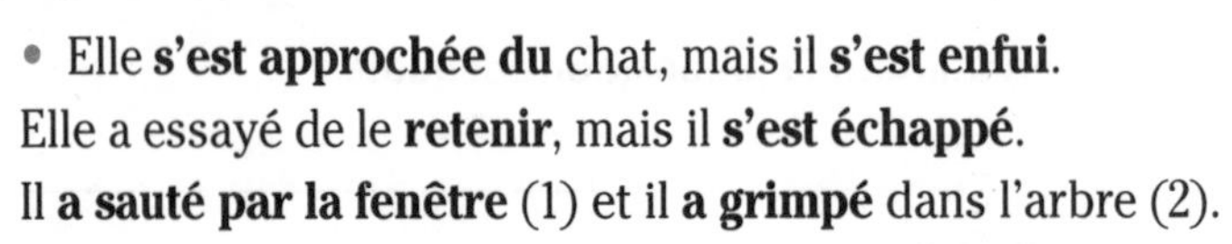

• Elle **soulève** le sac.

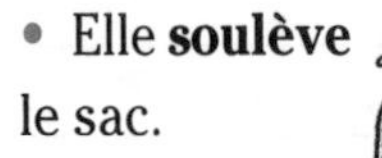

• Il **fait tomber** un papier puis le **ramasse**.

EXERCICES

1 **Choisissez la bonne réponse.**

1. Elle | marche | avance | sur le pied de Louis.

2. Je | précipite | me précipite | dans la rue.

3. Il | frissonne | tremble | comme une feuille.

4. Les | déplacements | mouvements | sont fatigants dans une grande ville.

5. Nous | remuons | faisons | un mouvement.

6. C'est trop lourd, je n'arrive pas à | lever | soulever | ce sac.

7. J'ai voulu | tenir | retenir | la vieille dame, mais elle est tombée quand même.

2 **Complétez le texte par les mots suivants.**

marché – grimpé – ramasser – sauté – glissé – s'est enfui – retourné – attraper – un coup de pied – rattraper – traversé – précipité – faire renverser

1. Ce matin, c'était vraiment pénible ! Il y avait du verglas, donc j'ai __________ sur le trottoir et j'ai failli me __________ par une voiture. Ensuite, j'ai pris le métro et un type m'a __________ sur le pied. J'ai protesté mais il ne s'est même pas __________ !

2. « Maman, Alex m'a donné __________ ! »

3. Tous les papiers de mon dossier sont tombés par terre, et j'ai dû les __________ .

4. Hier soir, Frank était en retard, il s'est __________ pour partir à l'aéroport. Il a littéralement __________ dans un taxi ! Ils ont __________ la ville à toute vitesse.

5. Laurence est partie en oubliant son passeport ; Fabienne a essayé de la __________ mais c'était trop tard.

6. Un voleur a pris mon portefeuille et __________ à toute vitesse.

7. Eustache a __________ dans l'arbre pour __________ le chat.

3 **Associez pour constituer une phrase complète.**

1. Elle grimpe	**a.** contre le trottoir.
2. Nous traversons	**b.** votre stylo.
3. Il s'est fait renverser	**c.** sur le pied.
4. Elle m'a marché	**d.** de la porte.
5. Vous avez fait tomber	**e.** sur le toit de la maison.
6. Ils se déplacent	**f.** en métro.
7. Je m'approche	**g.** par un camion.
8. Elle bute	**h.** l'avenue.

POSTURES ET CHANGEMENTS DE POSITION

Structures essentielles

- **Pour la posture :**

– verbe *être* + participe passé : *je suis allongé, il est assis, nous sommes couchés…*
– verbe *avoir* + partie du corps + participe passé : *elle a les jambes pliées, j'ai les bras croisés…*

- **Pour le mouvement :**

– verbe d'action réflexif : *je m'allonge, il s'assied, nous nous couchons…*
– verbe + partie du corps : *elle plie les jambes, je croise les bras…*
– verbe *se mettre* + posture : *mettez-vous sur le côté, il se met sur le dos…*

Il est allongé.

Il est couché à plat ventre.

Il se lève.

Il se tient bien = il se tient droit.

Elle lève le bras puis elle baisse le bras.

Il est debout, il a les bras écartés, il plie les jambes.

Elle est assise, elle a les jambes croisées, elle tourne la tête.

Il s'étire, il tend les bras, il penche la tête sur le côté.

Elle se penche à la fenêtre, elle est debout sur la pointe des pieds.

Il s'appuie contre le mur, il pose les mains contre le mur.

Elle est en équilibre, debout sur un pied.

EXERCICES

1 Transformez le mouvement en posture.

Exemple : il se couche → il est couché.

1. Elle plie les jambes. → ____________________
2. Il s'assied. → ____________________
3. Elle tend les bras. → ____________________
4. Je me lève. → ____________________
5. Tu penches la tête. → ____________________
6. Il écarte les bras. → ____________________

2 Choisissez les termes possibles.

1. Il est *allongé* / *assis* / *croisé* / *debout* par terre.
2. J'ai les bras *écartés* / *croisés* / *tendus* / *à plat ventre* / *baissés.*
3. Mets-toi *à plat ventre* / *par terre* / *couché* / *sur le dos.*
4. Elle *tient* / *plie* / *lève* / *baisse* la jambe.
5. Ils sont *debout* / *couchés* / *s'allongent* / *en équilibre* / *sur la pointe des pieds.*
6. Elle *tourne* / *se retourne* / *lève* / *croise* / *baisse* la tête.

3 Associez pour constituer une phrase complète.

1. Il lui a marché sur le pied ;	**a.** s'est échappé.
2. Il est assis,	**b.** un coup de pied.
3. Le prisonnier	**c.** sur la pointe des pieds.
4. Je suis fatigué,	**d.** elle ne peut plus remuer le pied.
5. L'astronaute a posé	**e.** je m'allonge un peu.
6. Elle s'est mise	**f.** les jambes croisées.
7. Elle lui donne	**g.** le pied sur la Lune.

4 Vrai ou faux ?

	VRAI	FAUX
1. Comme il est fatigué, il s'allonge.	❑	❑
2. Pour donner un coup de poing, elle doit plier les jambes.	❑	❑
3. Pour s'appuyer contre la porte, il doit s'asseoir.	❑	❑
4. Pour ramasser un papier, il se penche en avant.	❑	❑
5. Elle tend la main pour le retenir.	❑	❑
6. Elle est debout, à plat ventre.	❑	❑
7. Il soulève le meuble sur la pointe des pieds.	❑	❑

LES CHOCS

• La voiture **a heurté / percuté** un arbre.

• Cet homme est brutal, il **bat** sa femme, il la **frappe**, il **tape* sur** sa femme.

• Ce bruit **me tape sur les nerfs*** ! (= m'exaspère). Je ne sais pas quoi faire, **c'est à se taper la tête contre les murs*** (= de désespoir et d'impuissance).

• Toc, toc, toc, on **frappe** à la porte.

DES GESTES DE LA MAIN

• Ça fait cent fois que je recommence cette lettre, **c'est à s'arracher les cheveux*** (= cette situation me fait perdre patience). Finalement je l'**ai déchirée** en mille morceaux ; maintenant, la lettre **est déchirée**, et je l'**ai jetée** dans la corbeille à papiers.

• Il **tient** bien le paquet = il ne le **lâche** pas.

ATTENTION
PEINTURE
FRAÎCHE
NE PAS
TOUCHER

• Elle **lance** un os, il l'**attrape**.

• Elle **tâte** une poire pour voir si elle est mûre.

• Il faut **secouer** le flacon avant usage.

EXERCICES

1 Choisissez la bonne réponse.

1. Quelqu'un | bat | frappe | à la porte.
2. Zut ! J'ai | touché | déchiré | par erreur une page de texte.
3. Quand il est en colère, il | heurte | bat | son fils.
4. Le véhicule a | percuté | tapé | un camion.
5. Elle a | secoué | jeté | ces vieux papiers.
6. Je n'ai pas pu | attraper | tâter | le stylo que tu m'as lancé.

2 Corrigez les erreurs.

1. La moto a tapé un arbre. ____________________
2. Tu me frappes sur les nerfs ! ____________________
3. Il a arraché la carte postale en morceaux. ____________________
4. C'est à se déchirer les cheveux ! ____________________
5. Il a lâché les vieilles boîtes dans la poubelle. ____________________
6. Elle secoue le fruit pour voir s'il est assez mûr. ____________________
7. C'est terrible, il tient ses enfants. ____________________

3 Associez les actions qui se complètent.

1. lancer
2. faire tomber
3. tenir
4. s'asseoir
5. lever
6. tendre

a. se lever
b. plier
c. attraper
d. baisser
e. ramasser
f. lâcher

4 Choisissez les termes possibles.

1. Il a *déchiré* / *levé* / *jeté* / *ramassé* la lettre.
2. Vous *tenez* / *secouez* / *posez* / *sautez* la bouteille.
3. Elle *soulève* / *tient* / *déchire* / *fait tomber* la valise.
4. Tu *baisses* / *trembles* / *tournes* / *lances* / *lèves* la tête.
5. Je *retiens* / *rattrape* / *frappe* / *jette* / *lance* une personne.
6. Il *glisse* / *saute* / *s'appuie* / *pose les mains* contre le mur.
7. Elle *lève* / *tend* / *ramasse* / *remue* / *rattrape* le bras.

PORTER ET MENER

Luc **porte** un gros sac
Luc **apporte** un gâteau } *chez moi.*
Luc **amène** un ami

Je **mène** les enfants… à l'école.
J'**emporte** un livre… en voyage.
J'**emmène** mon ami… en voyage.

Je **ramène** Luc chez lui = je le **raccompagne**.
Luc **rapporte** son sac chez lui.

GESTES ET ATTITUDES

• Les Français **font des gestes** quand ils parlent.

Ils **se serrent la main** pour se saluer.

Ils **haussent les épaules** pour exprimer l'irritation, l'indifférence, la résignation.

Ils **font un signe de la main** pour appeler quelqu'un.

« Donne-moi la main ! » dit la maman à son enfant.

• Félix et Agathe sont amoureux… Ils marchent **en se tenant par la taille** ou **par la main**. Félix a pris une décision, il **s'est jeté à l'eau***, il a demandé Agathe en mariage ! Agathe a accepté et **s'est jetée dans ses bras**. Félix **serre** Agathe **dans ses bras**. Félix est heureux, car ses parents **ont reçu** Agathe **à bras ouverts** (= chaleureusement).

QUELQUES EXPRESSIONS IMAGÉES

• Éric est très fatigué, il *ne tient pas debout* ! Léa l'a traîné au cinéma. Pourtant, il n'avait pas envie d'y aller, c'est évident, *ça saute aux yeux* !

• Quand on lui a proposé de partir en Californie, Joël a *sauté de joie*, mais sa femme a *sauté au plafond** (= elle était stupéfaite et furieuse). Joël a décidé de *sauter sur l'occasion* et d'accepter la proposition.

• Impossible de *mettre la main sur* ce dossier, je ne le trouve pas. C'est incroyable, mon collègue *n'a pas remué le petit doigt* pour m'aider. Est-ce que tu peux me *donner un coup de main** pour le chercher, plutôt que de *rester les bras croisés* ?

EXERCICES

1 **Complétez par un composé de « mener » ou de « porter ».**

1. « Glaces à ______________ »
2. Est-ce que je peux ______________ une amie à ta soirée ?
3. Est-ce que vous voulez que je vous aide à ______________ votre valise ?
4. Ils vont ______________ leurs enfants au musée d'Orsay.
5. Laurent est très gentil, il m'a ______________ chez moi après la fête.
6. Quand je pars en voyage, j'______________ le moins de choses possible.

2 **Choisissez la bonne réponse.**

1. Cet homme | fait | remue | des gestes.
2. Ils nous ont reçus à | mains | bras | ouverts.
3. Elle | secoue | serre | la main de son collègue.
4. Ils se | tiennent | retiennent | par la taille.
5. Est-ce que vous avez | emporté | emmené | les enfants à Paris ?
6. Zut, j'ai oublié de | rapporter | apporter | à Lise le livre qu'elle m'a prêté.
7. Ce paquet est trop lourd, je n'arrive pas à le | soulever | lever | .

3 **Trouvez l'expression imagée appropriée aux situations suivantes.**

1. Elle est folle de joie. ______________
2. Il ne trouve pas son passeport. ______________
3. La radio de la voisine m'énerve beaucoup. ______________
4. Je suis mort de fatigue. ______________
5. Est-ce que vous pouvez m'aider ? ______________
6. C'est évident, c'est clair ! ______________

4 **Complétez le tableau suivant.**

il saute de joie – ils se serrent la main – il saute dans l'eau – elle lui tape sur les nerfs – j'ai les bras croisés – tu te jettes à l'eau – elle reste les bras croisés – tu ne remues pas le petit doigt – il n'arrive pas à mettre la main sur cette clé – elle n'arrive pas à remuer les doigts – il donne la main à sa mère – il saute sur l'occasion – elle lui donne un coup de main

Expressions concrètes : ______________	Expressions imagées : ______________
______________	______________
______________	______________

7 L'APPARENCE PHYSIQUE

L'APPARENCE GÉNÉRALE

• De loin, je peux reconnaître quelqu'un à **sa démarche** (= sa manière de marcher) ou à **sa silhouette** (= **son allure** générale, la forme de son corps). Alice est **gracieuse**, elle bouge de manière harmonieuse. Serge, au contraire, est **gauche** et **empoté***.

Alice **a de l'allure**, **de la classe**, **elle ne passe pas inaperçue** (= on la remarque dans la rue), **un rien lui va** (= elle peut mettre n'importe quel vêtement). En revanche, Serge est **quelconque**, **ordinaire**, **il passe inaperçu** (= on ne le remarque pas).

• Agathe **sait se mettre en valeur** (= elle choisit bien ses vêtements). Viviane, elle, n'est pas laide, mais ne sait pas se mettre en valeur : parfois, elle est même **ridicule** (= on se moque d'elle).

compliment	critique
elle a retrouvé sa ligne (= elle a minci, elle a maigri)	elle a perdu sa ligne (= elle a grossi, elle a pris du poids)
elle garde la ligne (= elle reste mince)	
elle a la taille fine	
elle a des formes généreuses	elle est maigrichonne
elle est ronde, elle est enveloppée	elle est maigre comme un clou*
il est corpulent	il n'a que la peau et les os
> la corpulence, la carrure	
il est musclé, costaud*, bien bâti, « baraqué* »	il est fluet, frêle, menu
il est svelte et élancé	il est voûté
elle est bien faite	

EXERCICES

1 Complétez.

1. Est-ce qu'elle est gracieuse ?
   – Oh non, au contraire, ______________________
2. Est-ce qu'il a gardé la ligne ?
   – Non, ______________________
3. Est-ce qu'on la remarque ?
   – Oh oui, ______________________
4. Est-ce qu'il est costaud ?
   – Non, ______________________
5. Est-ce qu'il a de l'allure ?
   – Non, ______________________

2 Choisissez la bonne réponse.

1. Elle a [de l'allure | son allure].
2. Elle se met [en valeur | de la valeur].
3. Il ne passe pas [aperçu | inaperçu].
4. Elle est [gauchiste | gauche], elle est maladroite.
5. Il est [élancé | lancé].
6. Il [tient | garde] la ligne.
7. Elle a la taille [fine | petite].
8. Il a [gardé | retrouvé] sa ligne, il a perdu deux kilos.

3 Décrivez les deux personnages ci-dessous.

LES HANDICAPS, LES INFIRMITÉS

• Il est **infirme** = **handicapé**, il est dans **un fauteuil roulant** car il est **paralysé**.

• Il a **un tic** : il **fait des grimaces** involontairement.

• Il **boite** (= il marche avec **une canne**). Il **louche**.

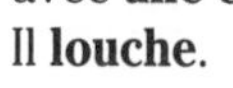

LE VISAGE = LA FIGURE

• Gilles **ressemble** beaucoup **à** son frère, ils **se ressemblent comme deux gouttes d'eau**. Beaucoup de gens les **confondent**, car Gilles est **le sosie** de son frère.

• Félix **a les traits fins** mais **accusés** (= naturellement marqués). Roland **a le visage marqué** (par la vie, par un choc). Yves a un visage assez **joufflu** (= avec de grosses joues), mais **expressif** et **ouvert** ; quand il grossit, il devient vraiment **bouffi** alors que Rémi a le visage **émacié** (= très maigre).

• Marius **a des rides** (1), il a le visage **ridé**, **couvert de rides**, il a **des pattes d'oie** (2), mais il a **un beau profil** (3), il **a une belle tête**, **une belle gueule*** (4), c'est **un bel homme**. Pourtant, aujourd'hui, il est **mal rasé** (5).

• Élodie est fatiguée, elle a **des cernes** sous les yeux, elle a **les yeux cernés** (1). Comme elle **a la peau grasse** (≠ **sèche**), elle a **des boutons** (2). Mais ce soir, elle a rendez-vous avec Félix...

L'ÂGE

• Antoine est **dans la force de l'âge** = il est **d'âge mûr** et se sent bien. Il **a passé la quarantaine**. Didier **n'a plus vingt ans**, il **n'est pas né de la dernière pluie**, il est **d'un certain âge**. Marcel, à 70 ans, est **bien conservé**, il **fait plus jeune que son âge**, **on lui donne** 60 ans.

EXERCICES

1 Devinez de quoi on parle.

1. Ce sont des rides au niveau des yeux. ______________________
2. C'est un mouvement involontaire du visage. ______________________
3. C'est ce qu'on a sous les yeux quand on est fatigué ou malade. ______________________
4. C'est un autre mot pour le visage. ______________________
5. C'est une personne qui ressemble énormément à une autre. ______________________

2 Corrigez les erreurs (plusieurs solutions sont parfois possibles).

1. Il a le visage accusé. ______________________
2. Je n'ai plus 30 ans, hélas ! ______________________
3. Cette vieille dame a le visage couvert de pattes d'oie. ______________________
4. Je reconnais Marjorie à sa marche. ______________________
5. Ces deux filles se ressemblent comme deux gouttes. ______________________
6. Il a les traits ridés. ______________________
7. Elle est bien préservée. ______________________

3 Complétez le texte ci-dessous en choisissant parmi les mots suivants.

la peau et les os – ressemble – sosie – en valeur – pattes d'oie – la ligne – comme un clou – la taille – peau – ridicule – rides – fais – de l'allure

Quelle horreur ! J'ai encore perdu trop de kilos, Damien va me trouver maigre ______________ ! Je ne comprends pas, je n'arrive pas à garder ______________ ! En plus, j'ai de nouvelles ______________ sur le front, c'est affreux. Je ______________ beaucoup plus vieille que mon âge. Je ne sais pas comment fait Marianne, qui a encore une belle ______________ à 50 ans. Malheureusement, je ne lui ______________ pas. Je ne sais pas me mettre ______________ comme elle. En plus, je crois qu'avec ce pantalon orange à fleurs, je vais être complètement ______________ .

4 Éliminez l'intrus.

1. Elle a de la classe. / Elle n'a plus vingt ans. / Elle a de l'allure.
2. Il a enfin maigri. / Il n'a que la peau et les os. / Il est maigre comme un clou.
3. Ils se ressemblent. / Ils ne passent pas inaperçus. / On les confond.
4. Elle est bien conservée. / Elle sait se mettre en valeur. / Elle fait plus jeune que son âge.
5. Il boite. / Il fait des grimaces. / Il a un tic.
6. Elle a perdu sa ligne. / Elle a retrouvé sa ligne. / Elle a grossi.

CHEZ LE COIFFEUR

Florence **se laisse pousser les cheveux**. Béatrice va chez le coiffeur pour **se faire couper les cheveux** parce qu'ils **ont repoussé**. En général, les cheveux **poussent d'**un centimètre par mois.

• J'aimerais bien **changer de coiffure**.
– Oui, madame, que souhaitez-vous ?
Une coupe au carré avec une frange ?
Ou au contraire **une coupe dégradée** ?
– Dégradée, je pense, mais **assez courte derrière**.
– Vous **avez la raie au milieu** ou **sur le côté** ?
– J'ai la raie sur le côté gauche.

LES CHEVEUX RAIDES ET PLATS, C'EST FINI !
AVEC LA PERMANENTE JOSÉ REVAL VOS CHEVEUX SERONT NATURELLEMENT FRISÉS

• Madame, vous avez pas mal de **cheveux blancs**. Pourquoi ne pas **faire une coloration** ?
– Oui, mais après quelques semaines, **les racines** se voient. Il faut donc se faire **refaire une couleur** trop souvent.
– Dans ce cas, je peux vous faire **un balayage** : on **colore en très clair** quelques fines **mèches**, mais vous gardez **votre couleur naturelle** pour le reste de vos cheveux.

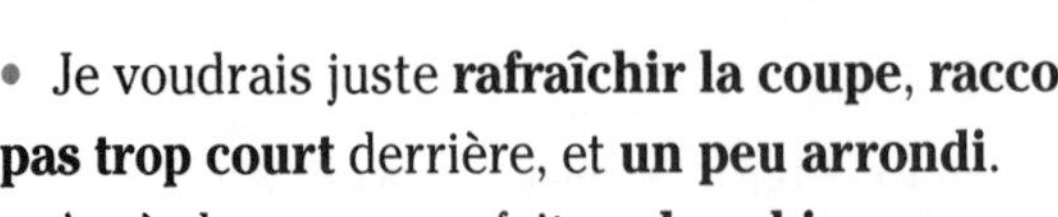

• Je voudrais juste **rafraîchir la coupe**, **raccourcir** un peu **les pointes** : **pas trop court** derrière, et **un peu arrondi**.
– Après la coupe, on fait **un brushing** ou **une mise en plis** ?
– Un brushing, s'il vous plaît, j'ai horreur **des bigoudis** !
– Est-ce que vous voulez **du gel** ou **de la mousse**, pour que la coiffure **tienne** bien ?

• Oh là là, avec le vent, je suis complètement **décoiffée** ! Je vais **me recoiffer**, et **mettre** un peu de **laque**.

EXERCICES

1 Choisissez la bonne réponse.

1. Chloé est | décoiffée | dégradée |.
2. Elle se | fait | laisse | pousser les cheveux.
3. Elle voudrait une coupe | en carré | au carré |.
4. Elle a | la raie | la frange | sur le côté.
5. Le coiffeur raccourcit | les pointes | les mèches |.
6. Laurent | se laisse | se fait | couper les cheveux.

2 Que doivent faire ces personnes ?

1. Élodie est décoiffée. Elle doit ______________________________
2. Suzanne a les cheveux blancs. ______________________________
3. Françoise voudrait avoir les cheveux frisés. ______________________________
4. On voit la racine de mes cheveux. ______________________________
5. Stéphanie voudrait que sa coiffure tienne bien. ______________________________

3 Vrai ou faux ?

	VRAI	FAUX
1. Je suis décoiffée = je dois rafraîchir ma coupe.	❑	❑
2. Elle a une permanente = elle a les cheveux frisés.	❑	❑
3. Elle a les cheveux colorés = elle n'a plus sa couleur naturelle.	❑	❑
4. Elle se laisse pousser les cheveux, elle doit se les faire couper.	❑	❑
5. On voit les racines, il faut couper les pointes.	❑	❑

4 Choisissez le meilleur synonyme des phrases suivantes.

1. Elle est bien faite.
   - **a.** Elle est bien conservée.
   - **b.** Elle a gardé la ligne.
2. Il passe inaperçu.
   - **a.** Il est empoté.
   - **b.** Il est quelconque.
3. Il a une belle tête.
   - **a.** C'est un bel homme.
   - **b.** Il a les traits fins.
4. Il est costaud.
   - **a.** Il est dans la force de l'âge.
   - **b.** Il est musclé.
5. Il fait des grimaces.
   - **a.** Il louche.
   - **b.** Il a un tic.
6. Elle a de l'allure.
   - **a.** Elle a de la classe.
   - **b.** Un rien lui va.

8 LE SPORT

LE FOOTBALL (le foot)

• Le foot se joue avec deux **équipes** de 11 **joueurs** (10 + **un gardien de but**). L'objectif du jeu est de **marquer des buts** dans **le camp adverse**, en faisant **circuler un ballon rond** avec le pied ou avec la tête. **L'arbitre** contrôle le respect **des règles du jeu** : **il arbitre** et **il siffle** lorsqu'**il y a faute**. Il siffle également **le coup d'envoi** du match (= le début).

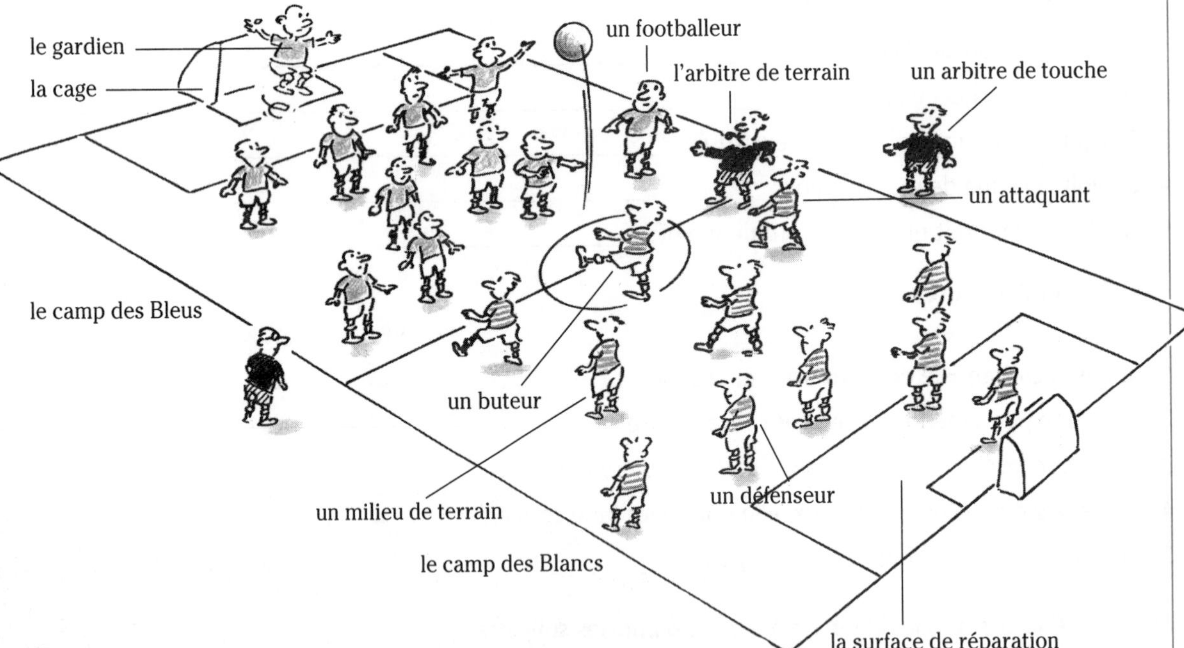

L'organisation des matchs

• Avant de **disputer** un match, l'équipe **s'entraîne**, elle **a un entraînement** sous la direction de son **entraîneur**. Lors d'**un championnat**, il y a d'abord des matchs **éliminatoires** : « L'équipe des Bleus **s'est qualifiée pour** la Coupe du monde ! » ; « **Qualification** de l'équipe ! » On joue ensuite **les huitièmes de finale**, **les quarts de finale**, **les demi-finales** et **la finale**.

• Un match est composé de deux **mi-temps** de 45 minutes chacune. Lorsqu'au terme de la seconde mi-temps, le match est **nul** (quand on **fait match nul** : 0-0) ou **à égalité** (par exemple 2-2), il y a **prolongation** (2 × 15 minutes).

Remarque : La pause de 15 minutes au milieu du match s'appelle également « la mi-temps ».

EXERCICES

Complétez les mots croisés suivants.

Horizontalement

1. Un joueur qui attaque.
2. La rencontre entre deux équipes.
3. Celui qui supervise l'entraînement.
4. Le fait d'être sélectionné après des éliminatoires.

Verticalement

a. Celui qui protège la cage de son camp.
b. L'ensemble des joueurs et de leur terrain.
c. Le dernier match d'un championnat.
d. Le résultat de ce type de match est 0-0.
e. Le résultat de ce match est 2-2.
f. Le lieu où l'on joue au football.

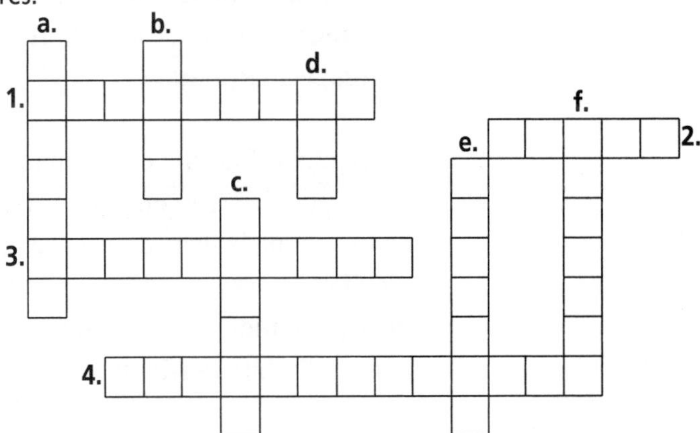

2 Vrai ou faux ?

	VRAI	FAUX
1. L'arbitre contrôle le respect des règles du jeu.	❑	❑
2. Au terme du match, il y a deux mi-temps de 15 minutes chacune.	❑	❑
3. Il est interdit de jouer avec la tête lors d'un match de foot.	❑	❑
4. Pendant le match, l'entraîneur siffle quand il y a faute.	❑	❑
5. Il y a un gardien de but par match.	❑	❑
6. Le buteur est un joueur qui marque des buts.	❑	❑

3 Associez (il y a plusieurs possibilités).

1. L'équipe
2. Le buteur
3. L'arbitre

a. participe aux quarts de finale.
b. siffle.
c. fait circuler le ballon.
d. marque un but.
e. s'entraîne.
f. se qualifie.
g. contrôle le respect des règles.
h. dispute un match.

L'action sur le terrain

• Quand le ballon coupe la ligne sur le long côté, le ballon **est en touche** = le joueur **dégage en touche** = **il y a touche**. Pour **jouer la touche** et effectuer **la remise en jeu**, le joueur prend le ballon à la main. Si les Blancs **envoient** le ballon **en touche**, les Bleus **font la touche**.

• Les Blancs **mènent une action** contre **leurs adversaires**. Les Bleus **défendent** (leur but), ils **subtilisent** = **prennent** = **récupèrent** le ballon et **contre-attaquent**.

• Un joueur **fait un centre** quand il amène le ballon vers l'axe des buts. Si le Blanc **tire trop en profondeur** = **fait une passe trop profonde**, le ballon coupe la ligne dans la largeur, **il n'y a pas corner** et le gardien Bleu **fait** la remise en jeu : il se met dans la surface de réparation et **dégage au pied ou à la main**. Si un joueur Bleu dévie le ballon, **il y a corner**, l'arbitre **siffle un corner**.

• Le Bleu **tire le corner** et le ballon arrive sur la tête d'**un coéquipier** qui, par exemple, **inscrit de la tête le** premier **but** = il **fait une tête**. Les Blancs **encaissent*** / **prennent** un but. « Les Blancs **menaient** 1 à 0, mais les Bleus **ont égalisé** à la dernière minute (1-1). »

• **Le score** = **le résultat** du match était 3-0 (« **trois-zéro** ») = les Bleus **ont gagné** = **remporté** le match, 3 à 0, 3 buts à 0. Les Blancs **ont perdu** le match : « **Victoire** des Bleus » = « **Défaite** des Blancs **devant** les Bleus (**face aux** Bleus) ».

Quelques fautes

• Si un Bleu « **joue le joueur** » (= touche un Blanc pour prendre le ballon), l'arbitre **siffle un coup franc en faveur des** Blancs. Un Blanc **tire le coup franc**.

• Un attaquant est **hors jeu** quand il est au-delà du ballon et du dernier défenseur.

• Les punitions sont **le carton jaune** (= premier avertissement) ou **le carton rouge** (= exclusion immédiate).

• Si un Blanc fait une faute contre un Bleu dans la surface de réparation des Blancs, **il y a penalty**, **l'arbitre siffle le penalty**.

EXERCICES

1 Choisissez la bonne réponse.

1. « Défaite des Blancs [devant | pour] les Verts. »
2. Le footballeur tire un coup [droit | franc].
3. Il a reçu [un carton | une carte] jaune.
4. L'équipe [mène | attaque] une action contre les adversaires.
5. Le joueur est mis hors [jeu | match].
6. Un joueur [inscrit | frappe] un but.
7. L'équipe a [remporté | perdu] le match et se qualifie donc pour la finale.

2 Éliminez l'intrus.

1. gardien / attaquant / arbitre
2. qualification / penalty / championnat
3. tirer / remporter / gagner
4. mi-temps / entraînement / prolongation
5. mener / égaliser / siffler
6. coéquipier / surface de réparation / cage

3 Devinettes. De quoi ou de qui parle-t-on ?

1. Le footballeur l'a reçu et a été immédiatement exclu. ____________________
2. C'est une action normale, car le ballon a coupé la ligne sur le long côté. ____________________
3. C'était 2-1. ____________________
4. L'arbitre le siffle quand un joueur fait une faute contre un adversaire dans sa propre surface de réparation. ____________________
5. Il joue dans la même équipe qu'un autre joueur. ____________________
6. Le camp adverse en a encaissé un. ____________________
7. Elle est parfois trop profonde. ____________________

4 Choisissez les termes possibles.

1. Il *dégage* / *prend* / *fait* / *est* / *envoie* le ballon en touche.
2. Le joueur fait *la touche* / *une faute* / *un pied* / *la remise en jeu* / *une tête* / *une passe* / *un centre*.
3. On *siffle* / *mène* / *tire* / *encaisse* / *prend* le corner.
4. L'arbitre siffle *un penalty* / *un corner* / *la tête* / *un coup franc* / *la qualification* / *le coup d'envoi*.
5. Il joue *le joueur* / *le but* / *l'entraînement* / *la touche* / *le corner* / *la cage* / *la mi-temps*.
6. Il *inscrit* / *joue* / *marque* / *prend* / *entraîne* / *encaisse* un but.

LE RUGBY

• Le jeu oppose deux équipes de 13 ou 15 joueurs (« **rugby à 13**, **rugby à 15** ») qui jouent avec **un ballon ovale** au pied et à la main. L'objectif est de **marquer** = **inscrire un essai** dans l'**en-but**, et de **faire passer le ballon entre les poteaux**. Un joueur peut **transformer un essai**, c'est-à-dire envoyer le ballon posé au sol entre les poteaux.

Remarque : Le « Tournoi des six nations » concerne la France, l'Angleterre, l'Écosse, le Pays de Galles, l'Irlande et l'Italie.

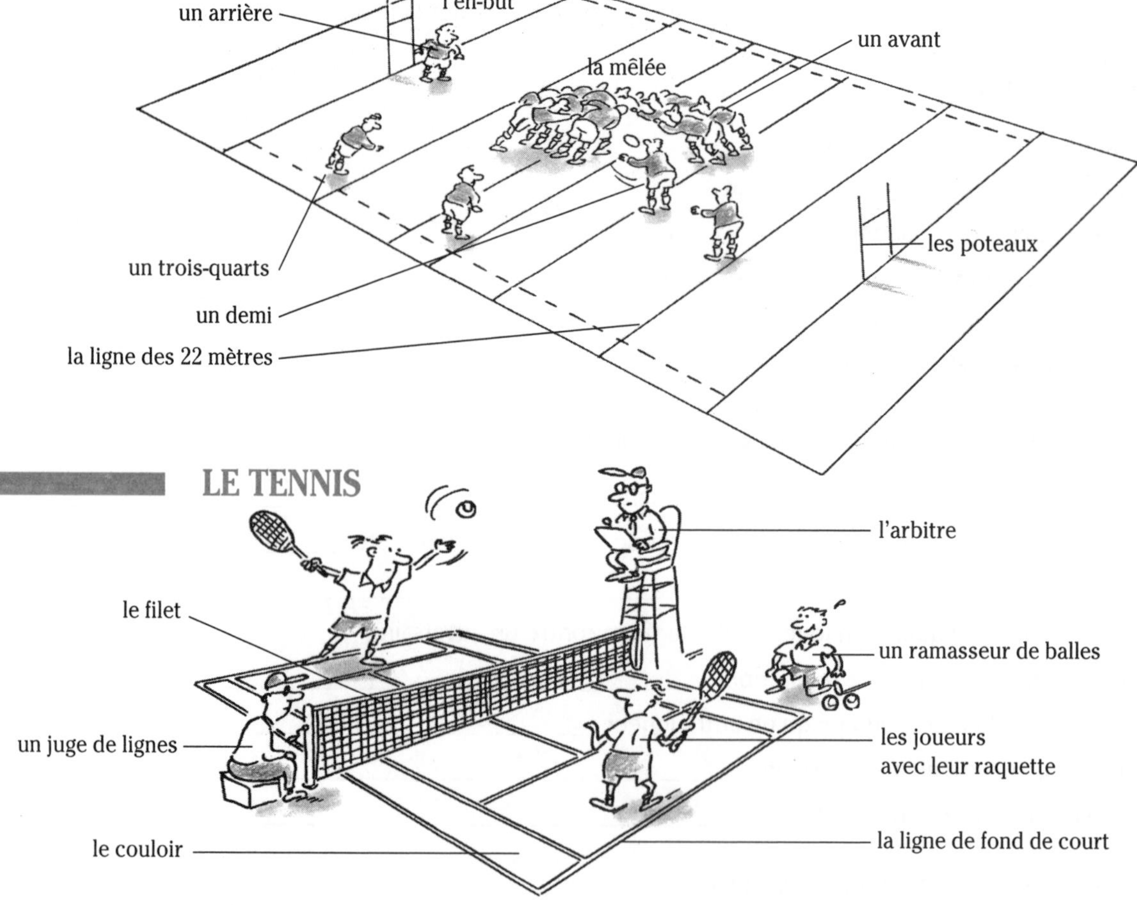

LE TENNIS

• Le court de tennis peut être **en gazon**, **en terre battue** ou **en quick**.
• **Un tournoi** de tennis, comme « Roland-Garros » à Paris, est composé de plusieurs matchs.
• Le joueur A **fait la mise en jeu** : il **sert** (= il **fait un service**). Le joueur B **récupère** = **renvoie** la balle par **un coup droit** ou par **un revers**.
• Le match est composé de 3 à 5 **sets** ou **manches**. « A **a gagné** le match **en** 5 sets, 6-2 (« six-deux »), 4-6, 5-7, 6-3, 6-2. » B **a été battu à plates coutures** par A, alors que A n'est que trentième joueur **au classement général**.

EXERCICES

1 Vrai ou faux ?

	VRAI	FAUX
1. Le rugby peut se jouer à 13 joueurs.	❑	❑
2. Le joueur de rugby marque un but.	❑	❑
3. Le ballon de rugby passe entre les poteaux.	❑	❑
4. On ne peut pas transformer un essai.	❑	❑
5. Le rugby se joue seulement à la main.	❑	❑
6. Les joueurs de rugby font une mêlée.	❑	❑
7. On inscrit l'essai dans l'en-but.	❑	❑

2 Complétez en choisissant parmi les mots suivants.

battue – terrain – sets – filet – revers – battu – en jeu – tournoi – service – perdu – classement général – remporté – récupéré

1. Fin du ________ de tennis à Roland-Garros.

2. Ce joueur est quinzième au ________ ________, et pourtant il a ________ le match sans difficulté, en 3 ________.

3. Ce joueur de tennis a un très beau ________ quand il fait la mise ______ ______.

4. Le match a eu lieu sur terre ________.

5. Le joueur a été ________ à plates coutures par son adversaire.

6. La joueuse a renvoyé la balle par un ________.

3 Quel(s) sport(s) les mots suivants évoquent-ils ? Remplissez le tableau.

poteaux – inscrire un but – servir – finale – coup droit – classement général – cage – terre battue – coup franc – match – mêlée – joueur – arbitre – surface de réparation – ramasseur de balles – essai – revers – ballon ovale

Football	Rugby	Tennis	Les trois sports
________	________	________	________
________	________	________	________
________	________	________	________
________	________	________	________
________	________	________	________
________	________	________	________

LES QUALITÉS D'UN SPORTIF

• Pour devenir un sportif **de haut niveau**, pour participer à **des épreuves sportives**, à des championnats, pour **réaliser des performances** sportives, pour devenir **champion du monde**, il faut avoir des qualités, dont :

– **l'endurance** : la capacité à résister à la fatigue. Un match de tennis est parfois **une** vraie **épreuve d'endurance**. L'endurance des joueurs **est mise à rude épreuve** ;

– **la concentration** : pouvoir **se concentrer**, ne pas se laisser distraire par le public ;

– **l'esprit d'équipe**, fondamental dans les sports collectifs ;

– **de bons réflexes**, rapides, efficaces et précis ; savoir prendre de bonnes décisions très vite ;

– **le goût de l'effort** : aimer réaliser **des prouesses** (= des performances exceptionnelles), même si cela demande beaucoup de travail et d'énergie ;

– **la discipline** : savoir s'imposer un travail dur et régulier ;

– **la volonté de gagner**, **l'ambition**, **l'esprit de compétition** ;

– et bien sûr **l'énergie physique** et **la forme**.

• Certains sportifs prennent illicitement des médicaments, justement pour améliorer leurs performances : ils **se dopent**, ils sont **dopés**. **Le dopage** est interdit par la loi.

QUELQUES EXPRESSIONS IMAGÉES

• *Être, rester, être mis sur la touche :* « Dans cette société, Renaud a été mis sur la touche, il est resté sur la touche pendant deux ans » (= il a été exclu d'une activité ou d'un projet).

• *Être hors jeu* : « Excuse-moi, je ne participe pas, je suis trop vieux, je suis hors jeu. »

• *Calmer le jeu* : « Delphine a essayé de calmer le jeu » (= apaiser un conflit, une dispute).

• *Être en jeu* : « Il y a énormément d'argent en jeu dans cette compétition. »

• *Aller droit au but* : parler ou agir directement, sans détour.

• *Être beau joueur* : reconnaître la victoire de l'adversaire et accepter de perdre avec le sourire.

EXERCICES

1 **Quelles qualités ont ces sportifs ? Répondez par une phrase.**

1. Il n'hésite pas à s'entraîner beaucoup, même si c'est difficile.

___

2. Elle veut absolument devenir championne du monde.

___

3. Le joueur n'a pas fait attention aux cris du public et a réussi son coup.

___

4. Le joueur a gagné un match qui a duré plus de quatre heures !

___

5. Le joueur a profité d'une seconde d'inattention de son adversaire pour marquer un but.

___

6. Elle s'entraîne très régulièrement, même quand elle n'a pas envie.

___

2 **Associez une situation et une expression imagée.**

1. « Je vais te dire franchement ce que je pense. »
2. « C'est vrai que mon adversaire a très bien joué, c'est normal qu'il ait gagné. »
3. « Je risque de perdre mon travail si je ne réussis pas ce projet. »
4. « Ce politicien n'est plus jamais invité aux réunions de son parti. »
5. « Ce joueur de tennis a arrêté de jouer parce qu'il est trop âgé, maintenant. »

a. Il est sur la touche.
b. Il est hors jeu.
c. Elle va droit au but.
d. C'est ça qui est en jeu.
e. Il est beau joueur.

3 **Parlez de vous !**

1. Avez-vous de l'endurance ?

___

2. Avez-vous participé à des championnats ?

___

3. Avez-vous de bons réflexes ?

___

4. Avez-vous l'esprit d'équipe ?

___

5. Êtes-vous beau joueur ?

___

6. Savez-vous parfois calmer le jeu ?

___

9 LA SANTÉ
LA CONSULTATION MÉDICALE

LA DOULEUR PHYSIQUE

• **avoir mal à**... la tête, la gorge

→ *Est-ce que vous avez mal ?*
– *Oui, j'ai très mal.*

→ *Où est-ce que vous avez mal ?*
– *J'ai mal au ventre.*

• **faire mal** = causer de la douleur ≠ **être indolore** = **ne rien sentir**

→ *Ça fait mal ? Ça vous fait mal ?*
– *Oh oui, ça me fait mal, ça fait un mal de chien* !*
– *Non, c'est indolore, je ne sens rien, ça ne fait pas mal.*

• **se faire mal** (à...) = provoquer soi-même la douleur

À quelqu'un qui est tombé :
→ *Comment est-ce que vous vous êtes fait mal ?*
– *Je me suis fait mal au pied en tombant.*

→ *Vous vous êtes fait mal ?*
– *Non, je ne me suis pas fait mal.*

• **souffrir** (de) → **la souffrance**

→ *Vous souffrez ?*
– *Oui, je souffre beaucoup.*

→ *Tu souffres du froid ?*
– *Non, mais je souffre du dos.*

Remarques :
• Notez la construction du verbe : souffrir **de** la cause de la douleur ou **du** lieu de la douleur.
• Le verbe « souffrir » et le nom « souffrance » évoquent une douleur persistante et plus profonde que « avoir mal », « faire mal » ou « douleur ». Les deux termes sont souvent utilisés dans un contexte psychologique (« la souffrance morale », « les souffrances humaines »).

• **être sensible, être douloureux**

→ *Ce n'est pas vraiment douloureux, mais c'est sensible* (= la douleur est légère).

• **avoir une douleur aiguë** ≠ **une douleur diffuse**

→ *Ce mal de tête, c'est une douleur aiguë, comme un clou dans la tête.*

Remarque : Quand on voit que quelqu'un a un problème de santé, on peut demander : « **Vous vous sentez mal ?** », « **Ça ne va pas ?** », « **Qu'est-ce qu'il y a ?** », « **Qu'est-ce qui vous arrive ?** »

1 Complétez les questions.

1. – __________ est-ce qu'il y a ?
– Je me suis fait mal.

2. – __________ est-ce que vous avez mal ?
– J'ai mal à la main.

3. – __________ est-ce que vous vous êtes fait mal ?
– En jouant au tennis.

2 Répondez par le contraire.

1. – Est-ce que c'est une douleur aiguë ?
– Non, ____

2. – Est-ce que c'est très douloureux ?
– Non, ____

3. – Est-ce que ça fait mal ?
– Non, ____

4. – Vous ne sentez rien ?
– Si, ____

3 Associez le problème et sa cause probable.

Il s'est fait mal…

1. au pied	**a.** en tournant brusquement la tête.
2. à l'épaule	**b.** en travaillant trop longtemps sur un ordinateur.
3. au dos	**c.** en courant.
4. aux yeux	**d.** en jouant au tennis.
5. au cou	**e.** en bricolant avec un marteau.
6. au doigt	**f.** en portant un sac trop lourd.

4 Vrai ou faux ?

	VRAI	FAUX
1. Elle a mal au dos = le dos lui fait mal.	❏	❏
2. Je souffre de la chaleur = j'ai chaud.	❏	❏
3. Il se sent mal = il ne sent pas bon.	❏	❏
4. Ça me fait un peu mal = je souffre.	❏	❏
5. C'est sensible = ça fait très mal.	❏	❏
6. Il souffre beaucoup = il a très mal.	❏	❏
7. Elle s'est fait mal = on lui a fait mal.	❏	❏

LES ACCIDENTS (plus ou moins graves)

• **tomber** = **faire une chute**
→ *Il a fait une chute de cheval, il a fait une mauvaise chute. Il est tombé de cheval.*

• **se cogner** (contre), puis **avoir un bleu**, **une bosse**, **des contusions**
→ *Elle s'est cogné le bras et maintenant, elle a des bleus au bras.*
→ *Elle s'est cogné le front sur la vitre, et maintenant, elle a des bosses sur le front.*

→ *Elle est sortie de l'accident sans blessure, mais avec beaucoup de contusions.*

• **se tordre la cheville, se faire une entorse** (à la cheville)
→ *Elle s'est fait une entorse en courant sur la plage. Maintenant elle a la cheville bandée = elle a un bandage à la cheville.*

• **se casser** la jambe, le bras... = **avoir une fracture de**..., puis avoir **un plâtre**
→ *Elle s'est cassé la jambe en faisant du ski. Elle a une fracture de la jambe. Maintenant, elle a un plâtre, elle a la jambe dans le plâtre et elle marche avec des béquilles.*

• **se couper, avoir une coupure**, puis **saigner**
→ *Je me suis coupé en épluchant des légumes. Comme ça saigne beaucoup (= je perds du sang), je dois mettre un pansement.*

• **se faire piquer par** un moustique, un insecte, un serpent = avoir **une piqûre** de moustique, de serpent ; **se faire mordre** par un chien, avoir **une morsure**
→ *La petite fille s'est fait mordre par un chien.*
→ *Il s'est fait piquer par un insecte.*

• **enfler** = devenir plus gros, augmenter de volume
→ *Son bras a beaucoup enflé.*
Ça enfle, ça continue à enfler.

• **se blesser**, être **blessé**, avoir **une blessure** ≠ être **indemne**
→ *Il y a eu un terrible accident de voiture : une personne est morte, deux ont été grièvement blessées, et un enfant est sorti miraculeusement indemne (= sans blessure).*

EXERCICES

1 **Faites correspondre le verbe et le nom.**

1. casser
2. piquer
3. couper
4. tomber
5. mordre
6. tordre
7. blesser

a. entorse
b. blessure
c. fracture
d. morsure
e. piqûre
f. chute
g. coupure

2 **Choisissez le(s) terme(s) possible(s).**

1. Sa jambe *a enflé* / *s'est enflée* / *a grossi.*
2. Elle *s'est fait mordre* / *s'est fait piquer* / *s'est piquée* par un insecte.
3. Je *me suis cogné* / *suis blessé* / *suis tombé* contre la porte.
4. Tu as *un bleu* / *un noir* / *une bosse.*
5. Il *s'est fait mordre* / *s'est cassé* / *s'est coupé* la jambe en faisant du ski.
6. Elle *s'est tordu* / *a saigné* / *s'est cassé* le bras.

3 **Remettez les expressions en italique à leur place.**

1. Il a un plâtre *parce qu'il s'est cogné.* ______________________
2. Il a une bande *parce qu'il s'est coupé.* ______________________
3. Ça saigne *parce qu'il a une entorse.* ______________________
4. Ça enfle *parce qu'il s'est cassé la jambe.* ______________________
5. Il est à l'hôpital *parce qu'il s'est fait piquer.* ______________________
6. Il a une bosse *parce qu'il a été blessé dans l'accident.* ______________________

4 **Trouvez, parmi les phrases corrigées de l'exercice précédent, la meilleure explication à chacun des dessins.**

a.

b.

c.

LES TROUBLES DE LA SANTÉ – LES SYMPTÔMES

• Vous avez des problèmes de **sommeil** ? Vous êtes **insomniaque** (= vous ne dormez pas) ?
– Eh bien, j'ai parfois **une insomnie**, je **passe une nuit blanche**, c'est tout.
– Est-ce que vous **rêvez** beaucoup, la nuit ? Vous **faites de beaux rêves** ?
– Quand je rêve, ce sont de **mauvais rêves**, je fais beaucoup de **cauchemars**.

• Les enfants **sont tombés malades**... Nicolas **a attrapé froid**, il **a attrapé un rhume**. Comme il est **enrhumé**, il **a le nez qui coule**, et il **se mouche** tout le temps. Le soir, au contraire, il **a le nez bouché**, et il **a** donc **du mal** (= des difficultés) **à respirer**. Très souvent, il **éternue** (il a **des éternuements**). Élodie **a la grippe**. Elle **a de la fièvre**, elle **a 39°5** (trente-neuf cinq) **de** fièvre, elle a une **forte** fièvre, elle a **une fièvre de cheval***. Quant à Louis, à cause de **sa bronchite**, il **a toussé** toute la nuit, et **la toux** l'a empêché de dormir.

• Pauvre Sylvie ! En bateau, elle **a le mal de mer**. Hier, après un repas trop copieux, elle **a eu la nausée**. C'était **une indigestion** : elle **a mal digéré**, elle a été **malade comme un chien***, et finalement elle **a vomi** son déjeuner.

• Un moustique m'a piqué, **ça me démange** beaucoup.
– Oui, mais il ne faut pas **vous gratter**, vous allez **vous irriter la peau** encore plus.

• Après l'accident, elle **a fait une crise de nerfs** (= pleurer, crier...).
Dimanche dernier, il a eu **une violente crise d'asthme**.
Il **est mort d'une crise cardiaque** = d'**un infarctus**.

• Il fait trop chaud : elle **a eu un** simple **vertige**, puis elle **a perdu connaissance** dans la rue (= elle **s'est évanouie**), elle **est tombée dans les pommes***.

AVOIR UN BÉBÉ

• Sophie **attend un bébé** : elle est **enceinte. Sa grossesse** se passe bien. **Son accouchement** est prévu le 22 janvier : elle va **accoucher** le 22 janvier. Après **la naissance** du bébé, elle voudrait l'**allaiter** = le **nourrir au sein**. Si elle n'a pas de lait, elle le nourrira **au biberon**.

EXERCICES

1 Éliminez l'intrus.

1. insomnie / cauchemar / nuit blanche
2. indigestion / nausée / fièvre
3. démanger / se gratter / se casser
4. accoucher / se moucher / allaiter
5. enceinte / enrhumé / bouché
6. se moucher / se tordre / tousser

2 Choisissez le meilleur équivalent aux expressions en italiques.

1. *Il dort très mal.* a. Il est insomniaque. b. Il est malade.
2. *Il a le nez qui coule.* a. Il a une bronchite. b. Il est enrhumé.
3. *Elle pleure et crie.* a. Elle fait une crise de nerfs. b. Elle a une crise d'asthme.
4. *J'éternue.* a. J'ai pris froid. b. J'ai une indigestion.
5. *Il a 40°.* a. Il a une petite fièvre. b. Il a une fièvre de cheval.
6. *Elle s'est évanouie.* a. Elle est tombée dans les pommes. b. Elle est tombée.

3 Complétez par un verbe approprié.

1. La jeune femme ________________ malade.
2. Céline ________________ froid.
3. Je ________________ par un chien.
4. Il ________________ le mal de mer.
5. Je ________________ dans les pommes.
6. François ________________ parfois une nuit blanche.
7. Il ________________ beaucoup de cauchemars.

4 Remettez les expressions soulignées à leur place.

Ma chère Anne,

Je peux te dire que mon week-end avec Gaspard a été complètement raté... D'abord, je me mouchais sur les rochers et je suis tombée la cheville. Ensuite, j'ai pris froid et j'ai attrapé une nuit blanche. Résultat : je me suis tordu le nez qui coulait, j'éternuais, j'avais tout le temps. Impossible de dormir, évidemment, j'ai passé un rhume... Ce week-end n'avait rien de romantique... J'espère que ça se passera mieux la prochaine fois !

Je t'embrasse,

Margot

LA CONSULTATION MÉDICALE

• **Le médecin** (**généraliste** ou **spécialiste**) **soigne ses patients**. Il **consulte** à son cabinet ou à domicile. Pendant **la consultation**, le médecin interroge **le malade**, l'**ausculte** (il **prend le pouls**, il **prend la tension**). Il **fait un diagnostic** (= il **diagnostique la maladie** = identifie) puis **prescrit des médicaments** ou **des examens**, par exemple **une radio** ou **une prise de sang** (= **une analyse** de sang). **La prescription** est notée sur **une ordonnance** que le patient apporte au pharmacien. Dans certains cas, une infirmière **fait des piqûres** au patient. Si le patient **suit le traitement** et si tout va bien, il **sera guéri**. **La guérison** peut être **lente** ou **rapide**.

• Parfois, le patient doit **se faire opérer par un chirurgien** = le malade doit **subir une opération chirurgicale** ; il doit **être hospitalisé** (= **aller à l'hôpital** et y passer plusieurs jours).

• On va chez **le dentiste** quand on a mal aux dents. Le dentiste soigne par exemple **une carie** (= un petit trou dans la dent), et parfois il doit **mettre une couronne** (en or, en argent) sur une dent, ou même **arracher** une dent (= l'**enlever**).

Quelques médicaments

- **un sirop** ou **des pastilles** contre la toux
- **un antibiotique** (pour soigner les infections)
- **un anti-inflammatoire** (contre les inflammations)
- **un antidépresseur** (contre la dépression nerveuse)
- **un collyre** (= gouttes pour les yeux)
- **un somnifère** (pour aider à dormir)
- **une pommade** (= une crème)

• La forme des médicaments

un comprimé d'aspirine

une gélule = un cachet

un suppositoire

• Un peu de matériel médical

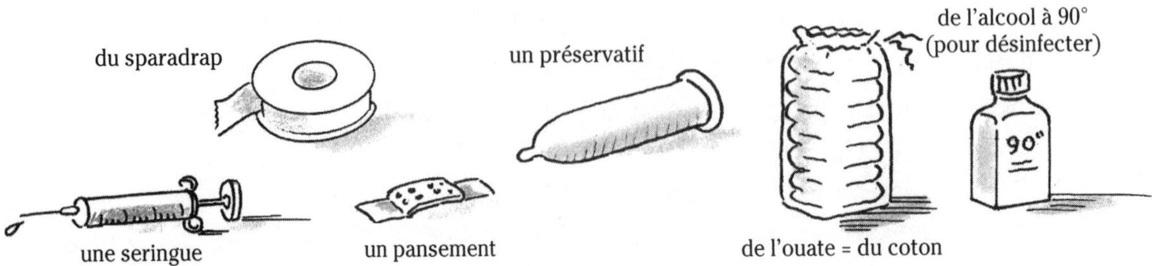

EXERCICES

1 Quel(s) produit(s) utilise-t-on quand...

1. on fait un massage ? → ____________________
2. on tousse ? → ____________________
3. on a mal à la tête ? → ____________________
4. on a mal aux yeux ? → ____________________
5. on s'est coupé ? → ____________________
6. on a une infection ? → ____________________
7. on doit désinfecter une plaie ? → ____________________
8. on doit faire une piqûre ? → ____________________
9. on a une inflammation ? → ____________________

2 Associez pour constituer une phrase complète.

1. Il doit être opéré,	**a.** je vais prendre un comprimé d'aspirine.
2. Il est déprimé,	**b.** elle a un bandage.
3. J'ai une ordonnance,	**c.** elle a un bleu.
4. Elle s'est coupée,	**d.** il va prendre un antidépresseur.
5. Elle est enceinte,	**e.** elle doit mettre un pansement.
6. Il a une carie,	**f.** il va être hospitalisé.
7. J'ai mal à la tête,	**g.** il va prendre un somnifère.
8. Il dort mal,	**h.** je vais à la pharmacie.
9. Elle s'est tordu la cheville.	**i.** il doit aller chez le dentiste.
10. Elle s'est cognée,	**j.** elle va accoucher dans un mois.

3 Choisissez les termes possibles.

1. Le patient *va chez* / *appelle* / *soigne* / *prescrit* le médecin.
2. Le médecin *ausculte* / *soigne* / *guérit* / *diagnostique* le malade.
3. Le pharmacien vend *des médicaments* / *du matériel médical* / *des examens* / *des couronnes.*
4. Le médecin est *généraliste* / *général* / *spécialiste* / *dentiste.*
5. Le médecin prescrit *une ordonnance* / *une prise de sang* / *un diagnostic* / *une radio* / *la télévision.*
6. Le patient *souffre* / *a mal* / *a du mal* / *fait mal* / *s'est fait mal.*
7. Ça saigne, il faut mettre *un pansement* / *une bande* / *un plâtre.*
8. Je suis malade, je vais chez *le médicament* / *la médecine* / *le généraliste* / *le médecin.*

10 LE CARACTÈRE ET LA PERSONNALITÉ

LA SOCIABILITÉ, LE COMPORTEMENT

• Marjorie **possède de grandes qualités** et de **petits défauts**: **c'est quelqu'un de bien**. Elle a **de la personnalité**, **c'est une forte personnalité**. Elle est **foncièrement** (= profondément) **généreuse**. Marjorie **est dépourvue / dénuée d'égoïsme** (= elle n'est pas du tout **égoïste**). Au contraire, elle **est d'une** grande **générosité**.

• Guillaume **a un caractère difficile** = il **a mauvais caractère** = il a **un sale caractère*** = **un caractère de cochon***. Il n'est pas **facile à vivre**. En revanche, Michel **a bon caractère**, il **a un caractère en or**. D'ailleurs il a **des traits de caractère** communs avec son frère, ils sont tous les deux **spontanés**: ils sont d'une grande **spontanéité**, ils parlent et agissent naturellement, sans excessive prudence.

• Florence **a un tempérament autoritaire** = elle **est autoritaire de tempérament**: elle **a tendance à** imposer ses idées et ses décisions. Mais elle a une grande qualité, elle est **franche**, **droite**: elle n'est jamais **hypocrite**, elle **ne joue pas double jeu**, elle dit toujours ce qu'elle pense. Ses amis apprécient **son intégrité**, **son honnêteté**.

• Victor **a l'air** = **semble** = **paraît réservé**, et même **renfermé**. En réalité, **sous des dehors** réservés, **sous des apparences** renfermées, il est **plutôt** sociable. Il n'est **pas particulièrement** timide, **contrairement aux apparences**. D'ailleurs, **il ne faut pas se fier aux apparences**...

• Antoine est **un original**, il ne fait jamais rien comme les autres. On le considère parfois comme **un farfelu*** : il est **étrange**, **spécial***. C'est quelqu'un d'assez **solitaire** et de **peu sociable**, de peu **communicatif**: il n'est vraiment pas **bavard**, il n'aime pas parler ! **C'est un ours**!*

Remarque: Les Français apprécient beaucoup la forme négative; on parle donc souvent du caractère de quelqu'un avec des phrases telles que: «il n'est pas bavard», «il est peu bavard», «il n'est vraiment pas bavard», «il n'ouvre pas la bouche» plutôt que «il est silencieux» ou «il est renfermé».

EXERCICES

1 **Choisissez la bonne réponse.**

1. Il | a | est | joyeux de tempérament.
2. Elle a un caractère | bon | difficile |.
3. C'est | une forte | un fort | personnalité.
4. Heureusement, elle a de | bonnes | grandes | qualités.
5. Il est timide, contrairement aux | apparences | dehors |.
6. Je connais la plupart des | traits | apparences | de son caractère.
7. Il a un caractère | d'ours | de cochon |.
8. C'est quelqu'un de | caractère | bien |.

2 **Vrai ou faux ?**

	VRAI	FAUX
1. Il a un sale caractère = il n'est pas propre.	❑	❑
2. Elle est intègre = elle est très honnête.	❑	❑
3. Elle a un caractère de cochon = elle n'est pas facile à vivre.	❑	❑
4. Sous des dehors timides, il est sociable = il a l'air timide.	❑	❑
5. Il est spécial = il a beaucoup de défauts.	❑	❑
6. Il est dénué de spontanéité = il est d'une grande spontanéité !	❑	❑
7. C'est un ours = il est autoritaire.	❑	❑
8. Il joue double jeu = il n'est pas franc.	❑	❑

3 **Complétez cet extrait de lettre en choisissant parmi les mots suivants.**

apparences – autoritaire – foncièrement – original – traits – caractère – bien – bavard – intégrité – dehors – tendance – qualités

. . . Oui, bien sûr, Simon est un ______________, mais je lui trouve beaucoup de ______________. C'est vraiment quelqu'un de ______________. Sous des ______________ peu communicatifs, il est ______________ généreux. C'est vrai, il n'est pas ______________, mais tout le monde admire son ______________, alors que la plupart de ses collègues ont ______________ à une certaine hypocrisie. . .

L'action

• Il est **audacieux**, les obstacles ne lui font pas peur, il agit **hardiment** (= sans hésiter).

• C'est un être **courageux**, il **a du cran***.

• C'est **un fonceur*** (= il est **dynamique** et audacieux), il est **déterminé**, **résolu**, il décide et agit vite. Il sait **prendre des initiatives**.

• Il est **actif** et **vif**.

• Il est **émotif** et **passionné**.

• Il est **impulsif**, il prend ses décisions sans réfléchir.

• Il est **tenace**, **persévérant** : il **va jusqu'au bout de** ses projets, ce qui est plutôt une qualité.

• Il est **têtu** et même **buté**, rien ne le fait changer d'avis, ce qui est souvent un défaut.

Le manque d'action

• Il est **peureux**, il **a peur de** tout, il est **trouillard***.

• C'est un être **lâche**, il **se dégonfle*** facilement.

• Il est **mou**, **passif**, il ne décide rien, il est toujours **indécis**, **irrésolu**, c'est quelqu'un d'**hésitant**.

• Il est **nonchalant**, **indolent**.

• Il est **indifférent** et **froid**.

• Il est **prudent** et **réfléchi**.

• Il est **inconstant**, **changeant**, **velléitaire** : il commence, mais ne finit rien.

• Il est **influençable**, il n'a pas d'opinion personnelle, « c'est le dernier qui a parlé qui a raison ».

EXERCICES

1 **Complétez en vous aidant de la page ci-contre.**

Ce pauvre Jérôme, il est...

IN _ _ _ _ _ _ _ _ _ _

IN _ _ _ _ _ _ _ _ _

IN _ _ _ _ _ _ _ _

IN _ _ _ _ _ _

IN _ _ _ _ _

2 **Répondez par un synonyme ou un contraire selon le cas.**

1. – Est-ce qu'elle prend ses décisions sans réfléchir ?
– Oh oui, elle ____________________

2. – Est-ce qu'il est dynamique ?
– Pas du tout, il ____________________

3. – Est-ce qu'elle est courageuse ?
– Oui, vraiment, elle ____________________

4. – Est-ce qu'elle a une opinion bien personnelle ?
– Non, je trouve qu'elle ____________________

5. – Est-ce qu'il change d'avis facilement ?
– Pas du tout, c'est tout le contraire, il ____________________

6. – Est-ce qu'il va au bout de ses projets ?
– Oui, certainement, il ____________________

3 **Complétez le dialogue suivant en choisissant la bonne réponse.**

– Allez, parle-moi de David !
– Alors, David a beaucoup de ____________
– Et, bien sûr, très peu de ____________ !
– Tu vas voir... D'abord, c'est un ____________ .
– Oui, tu aimes bien les gens un peu ____________ .
– Il est beaucoup plus ____________ que Martin.
Il prend des décisions ____________ , j'adore ça.
– Je l'imagine assez ____________ .
– Tu peux le dire ! Il a même du ____________ !
– Heureusement, car ____________ comme tu es... !

a. *qualités* *traits*
b. *qualités* *défauts*
c. *spécial* *original*
d. *farfelus* *résolus*
e. *fonceur* *foncé*
f. *hardiment* *prudemment*
g. *peureux* *courageux*
h. *cran* *courage*
i. *trouillarde* *prudente*

LE CALME ET LA NERVOSITÉ

• Roland est **pondéré**, c'est-à-dire qu'il est **calme**, **équilibré**, **mesuré** : il n'est pas **excessif**, il est de caractère **réfléchi**. C'est un être **paisible**, qui préfère la paix au conflit.

• Claude, au contraire, est de tempérament **nerveux**, c'est **un grand nerveux**. Il est souvent **agité**. **Par nervosité**, il est parfois **sec** et **cassant** (= ni aimable, ni bavard).

L'ORGUEIL ET LA MODESTIE

• Julie est **orgueilleuse** : elle **a une haute idée d'**elle-même ; par **orgueil**, elle ne va jamais demander de l'aide, même si elle est dans une situation difficile.

• Martin **se prend pour qui** ? Il se prend pour le chef ?! En tout cas, il **ne se prend pas pour n'importe qui**. C'est incroyable, il **se croit supérieur à** tout le monde ! Quelle **arrogance** ! Il est tellement **arrogant** qu'il parle sur un ton **méprisant**, supérieur...

• Frédéric est tout différent. Il vient d'avoir une promotion, mais personne ne le sait. Il est trop **modeste**, il fait preuve d'**une modestie** exagérée.

• Jacques est intelligent et **cultivé**, mais assez **prétentieux**, il est d'**une prétention** ! Tout le monde doit l'écouter parler de ses connaissances et de sa culture !

• Quel **frimeur***, ce Romain ! Avec sa voiture de sport et ses beaux vêtements, il voudrait se faire admirer. **C'est de la frime** !*

EXERCICES

1 Choisissez la bonne réponse.

1. Il se | prend | croit | pour le meilleur acteur du moment.
2. Elle fait preuve d'une grande | nerveuse | nervosité |.
3. Il ne parle pas de son travail par | modeste | modestie |.
4. Il n'est pas aimable, il est | cassant | bavard |.
5. Elle est mesurée, elle est | pondérée | honnête |.

2 Éliminez l'intrus.

1. prétentieux / arrogant / nerveux
2. modeste / équilibré / mesuré
3. sec / méprisant / cassant
4. nerveux / agité / pondéré
5. paisible / orgueilleux / calme

3 Associez pour constituer une phrase complète.

1. Elle est impulsive,
2. Il ne se prend pas pour
3. Elle se croit
4. Ils sont dépourvus de courage, ils sont
5. Il est trop orgueilleux pour
6. Il n'est vraiment pas sociable,
7. Il n'est pas frimeur, il est

a. n'importe qui.
b. demander de l'aide.
c. elle n'est pas réfléchie.
d. c'est un ours.
e. plus intelligente que les autres.
f. plutôt modeste.
g. lâches.

4 En vous aidant des pages de gauche, complétez le tableau suivant.

Adjectifs en *-if*	Adjectifs en *-eux*	Adjectifs en *-é*	Adjectifs en *-ant*
vif	....	*mesuré*	....
....	....	....	....
....	....	....	....
....	....	....	....
....	....	....	....
....	....	....	....

L'ATTENTION

• Sophie travaille **avec** beaucoup de **soin**, elle est très **soigneuse**, **minutieuse**, et même **méticuleuse** (= elle attache de l'importance aux moindres détails) ; parfois elle devient **tatillonne** (= les détails ont trop d'importance pour elle).

• Grégoire est très **désordonné** : il ne range jamais rien, toutes ses affaires sont en pagaille*. Son collègue Sylvain, au contraire, est **ordonné**, presque **maniaque** du rangement. Grégoire est parfois **négligent** dans son travail, il ne lui accorde pas assez d'importance. Sylvain, en revanche, est très **consciencieux** et même **perfectionniste**. Sylvain **fignole*** son travail alors que Grégoire le **bâcle*** (= il le fait vite et mal).

• Lucien est **étourdi**, il ne se concentre pas bien ; par **étourderie**, il oublie souvent de faire quelque chose. Olivier, lui, est souvent **distrait** parce qu'il est absorbé par son travail. Dans ses moments de **distraction**, il n'entend pas quand on lui parle.

LA GENTILLESSE ET LA MÉCHANCETÉ

• Je déteste Coralie. Elle est foncièrement **méchante**, elle est **odieuse**, c'est **un vrai chameau***, elle est capable de **faire une méchanceté**, **une vacherie*** à quelqu'un sans raison. Elle fait tout par **malveillance** (= pour faire du mal).

• Gilles est **charmant**, **gentil comme tout**. Il est **serviable**, il aime rendre service, il **a le cœur sur la main** ; mais quand il a bu, il devient le contraire : **agressif**, et parfois même **violent** et **brutal**.

Remarque : « il est charmant » signifie « il a un comportement très agréable » ≠ « il a du charme » = il attire, il séduit.

• Léo est vraiment **adorable**, **craquant*** = **je craque***... ! Je le trouve **irrésistible**. D'abord il est **attentionné** (= plein d'**attentions**) : il se rappelle toujours les anniversaires de ses amis. En plus, il est **plein de tact**, de **délicatesse** : il sait toujours quoi dire et quoi faire dans une situation délicate.

• Raymond n'est pas quelqu'un de bien, au contraire : c'est **une canaille***, **un salaud***, **une fripouille***, **un voyou**, **une crapule***...

EXERCICES

1 **Complétez.**

1. Il aime rendre service, il est ____________________
2. Il apporte beaucoup de soin à son travail, il est ____________________
3. Elle est d'une grande générosité, elle a ____________________
4. Elle a beaucoup d'attentions envers les autres, elle est ____________________
5. Il ne voit que les détails, c'est insupportable, il est ____________________
6. Il range toujours ses affaires, il est ____________________

2 **Remettez les mots en italique à leur place.**

La soirée s'est bien passée. J'ai vu Nicolas, le fils de Marjorie, qui est vraiment *agressif* même s'il est assez *charmant* parce qu'il n'écoute jamais rien... Heureusement, je n'ai pas parlé à Yves, que je déteste et qui vraiment *adorable*. Je ne comprends pas comment sa femme, qui est si *attentionnée*, peut le supporter ! Il est tellement *étourdi* avec elle ! Évidemment, Delphine, toujours *gentille*, m'a fait connaître Lucien, que j'ai trouvé *odieux*. J'ai passé un moment très agréable...

a. ____________
b. ____________
c. ____________
d. ____________
e. ____________
f. ____________
g. ____________

3 **D'après vous, s'agit-il de qualités ou de défauts ?**

tatillon – serviable – tenace – audacieux – froid – mou – autoritaire – modeste – orgueilleux – étourdi – consciencieux – maniaque – résolu – têtu – lâche – influençable – bavard – désordonné – soigneux – frimeur

Qualités	Défauts
____________	____________
____________	____________
____________	____________
____________	____________

4 **Éliminez l'intrus.**

1. méchanceté / vacherie / chameau
2. fonceur / farfelu / original
3. têtu / tatillon / buté
4. peureux / tenace / lâche
5. mou / minutieux / méticuleux

LA VIE AFFECTIVE

On **éprouve** = on **ressent une émotion** (passagère) ou **un sentiment** (plus stable et/ou plus profond). On peut les **manifester** = **extérioriser**, ou au contraire les **cacher/dissimuler**.

L'ÉTAT PSYCHIQUE

Le bonheur et la gaieté

être joyeux
heureux comme un poisson dans l'eau

gai comme un pinson, ravi
enthousiaste (l'enthousiasme)

sauter de joie, être fou de joie
être aux anges
être euphorique (l'euphorie)
déborder de bonheur

garder espoir
avoir le moral, avoir bon moral

remonter le moral à quelqu'un
distraire, changer les idées à quelqu'un
consoler, réconforter quelqu'un (1)
encourager quelqu'un

≠

La tristesse et le chagrin

être triste
malheureux comme les pierres,
triste à mourir
être déprimé, sombre
maussade, morose (la morosité)

avoir des idées noires
avoir le cafard* (3)
être mélancolique (la mélancolie)
avoir du chagrin, de la peine (2)
avoir le mal du pays (= avoir la nostalgie de son propre pays quand on en est loin)

perdre espoir, être découragé, désespéré
avoir le moral à zéro, être démoralisé

démoraliser quelqu'un

accabler quelqu'un
décourager quelqu'un

Remarques :
- Le bonheur est *un sentiment*, le malheur est plutôt *un événement*. « Ils ont vécu **un grand malheur** » = un événement tragique. Un peu ironiquement, on peut dire : « Elle m'a raconté **tous ses malheurs** » = tous ses problèmes.
- « **par bonheur** » = par chance, « **par malheur** » = par malchance tragique.

EXERCICES

1 Que faire quand quelqu'un a des problèmes ? Associez.

1. Éric est découragé.
2. Pierre a du chagrin.
3. Christine a le moral à zéro.
4. Estelle est déprimée.
5. Véronique a des idées noires.

a. Vous lui remontez le moral.
b. Vous la distrayez.
c. Vous le consolez.
d. Vous lui changez les idées.
e. Vous l'encouragez.

2 Quelles expressions imagées peut-on utiliser dans ces situations ?

1. Hélène est vraiment très heureuse, elle ____________________
2. Sabine est très triste, elle ____________________
3. Marius n'a pas le moral, il ____________________
4. Félix est très joyeux, il ____________________
5. Isabelle est mélancolique, triste, elle ____________________
6. Rémi est sombre, il ____________________

3 Quel est leur état d'esprit ?

1. « C'est trop difficile, je ne pourrai jamais le faire ! »
   Il ____________________
2. « À quoi bon vivre ? La vie n'a aucun sens ! »
   Elle ____________________
3. « La France nous manque, nous aimerions tellement rentrer ! »
   Ils ____________________
4. « Oui, je sais, je suis très malade, mais je suis sûre que ça ira mieux, que je vais m'en sortir, je vais retrouver mon énergie et ma santé ! »
   Elle ____________________
5. « C'est fini, on ne retrouvera jamais le petit garçon qui a disparu ! »
   Ils ____________________
6. « J'ai tous mes enfants et mes petits-enfants autour de moi, c'est merveilleux, c'est le plus beau jour de ma vie ! »
   La grand-mère ____________________
7. « Fantastique ! Super ! Papa m'emmène voir le match au Stade de France. »
   Le petit garçon ____________________
8. « Viens, ma petite Viviane, ne reste pas là à pleurer, je t'emmène au cinéma voir un bon film. »
   Christian essaye de ____________________

L'HUMEUR

• En général, Colette est **de bonne humeur**, mais aujourd'hui, elle est **de** très **mauvaise humeur**, elle est d'une humeur **exécrable**. Elle n'est pas **dans un bon jour**, elle est dans un **mauvais** jour... Elle **n'est pas d'humeur à** parler !

L'INQUIÉTUDE

• Caroline est **inquiète**, parce que son mari a deux heures de retard. Caroline **s'inquiète** facilement, elle **se fait** toujours **du souci pour** son mari, parce qu'il est en voiture toute la journée et qu'il risque d'avoir un accident.

• Qu'est-ce qui se passe ? Tu as l'air **soucieux** (= **préoccupé**), tu as **des soucis** ? Des soucis **d'**argent ? des soucis familiaux ?
– Oui, le manque d'argent m'**empoisonne*** l'existence. Je n'arrive pas à trouver de solution, j'y pense tout le temps, ça me **tracasse**.
– **Ne te fais pas de souci**, ça va s'arranger !

L'AMITIÉ

• Nicole et Anne sont de **grandes amies** et **s'entendent** très bien, elles communiquent facilement. Nicole **a beaucoup d'affection pour** Anne. Anne aussi est très **attachée à** Nicole, elle **tient à** Nicole. Nicole **a confiance en** Anne, elle **lui fait** entièrement **confiance**. Nicole peut **compter sur** Anne dans n'importe quelle situation.

• Anne **a** aussi **de la sympathie pour** Margot : elles **se sont connues** à une soirée et **ont** tout de suite **sympathisé**. Margot aime **faire plaisir à** ses amis, **c'est** donc **un plaisir de** la recevoir. Anne **prend** toujours **beaucoup de plaisir à** voir Margot.

• Une fois, après une dispute, Margot **s'est brouillée avec** Anne, mais très vite, elles **se sont réconciliées** : **la brouille** n'a pas duré, **la réconciliation** a été rapide.

Remarque : On peut aussi **tenir à un objet** : « Je tiens beaucoup à ce bijou, c'est ma grand-mère qui me l'a donné. »

EXERCICES

1 **Choisissez la bonne réponse.**

1. C'est pénible, Roger est de | mauvaise | exécrable | humeur.
2. Ne vous faites pas | d'inquiétude | de souci | !
3. La santé de mes parents me | tracasse | casse | beaucoup.
4. Lise | fait | a | confiance en Caroline.
5. Hubert tient | à | sur | son frère.
6. Benjamin s'est | débrouillé | brouillé | avec un ami.
7. Nous avons | confiance | sympathisé | tout de suite.

2 **Associez de manière à constituer une phrase complète.**

1. Mes voisins
2. Après leur dispute,
3. Je me fais
4. Tu peux
5. Il est
6. J'aime beaucoup
7. Ils ont

a. d'une humeur exécrable.
b. du souci pour mon ami.
c. de la sympathie pour elle.
d. faire plaisir à ma famille.
e. m'empoisonnent l'existence.
f. ils se sont réconciliés.
g. compter sur moi.

3 **Complétez en choisissant parmi les mots suivants.**

affection – m'entends – tiens – sympathisé – fait – réconciliées – attachée – connues – compter – plaisir – grande – confiance – prends – brouillée

J'aime beaucoup Annie, je suis __________ à elle, je __________ à elle. Je __________ bien avec elle. Une fois, je me suis __________ avec elle, mais heureusement, nous nous sommes vite __________. Je sais que je peux __________ sur Annie, j'ai __________ en elle. C'est très précieux d'avoir une si __________ amie !

4 **Complétez le tableau par les mots suivants.**

souci – confiance – plaisir – sympathie – espoir – chagrin – euphorie – affection – inquiétude – bonheur – brouille – mélancolie – cafard

Émotions plutôt agréables	Émotions plutôt désagréables
__________	__________
__________	__________
__________	__________

L'AMOUR

• Dis-moi, tu **as un faible pour** Gaspard, non ?
– C'est vrai qu'il **ne me laisse pas indifférente**. Mais tu sais, Gaspard **plaît** beaucoup **aux** femmes ! En plus, j'ai l'impression que Louise lui plaît.
– Peut-être, mais à mon avis, Louise n'**est** pas **attirée par lui**.
– Pourtant, il lui **fait la cour**, il lui offre des fleurs… Peut-être qu'ils **sortent ensemble**…
– D'accord, il la **drague*** un peu. Au fait, toi aussi, il t'a invitée, non ?
– Oui, pour samedi prochain. C'est terrible, je sais qu'il est **dragueur***, qu'il n'est pas **fidèle**, et pourtant, il m'**attire**, **je ne peux pas m'empêcher de penser à** lui…

• Juliette **est tombée amoureuse de** Gaspard… Elle **s'ennuie de** Gaspard, il **lui manque**, elle **a hâte de** le voir samedi. Gaspard **éprouve de la tendresse pour** Juliette, il l'**apprécie**, il l'**admire** même, il **a de** l'**admiration** pour elle, mais pour l'instant, il n'**est** pas **amoureux**…

• Parfois, Gaspard **pense à** Margot, avec qui il a eu **une relation** (= **une liaison**) il y a deux ans et il éprouve de **la nostalgie**, il **regrette** cette période. Gaspard était **fou amoureux de** Margot, mais elle l'**a trompé avec** Benoît, un ami de Gaspard ; finalement, Margot **a quitté** Gaspard. Gaspard **en veut à** Benoît (= il est amer et furieux contre Benoît).

• La mère de Gaspard **adore** son fils, c'est **une** véritable **adoration**. Elle est **fière de** Gaspard, parce qu'il est beau et intelligent ; elle éprouve de **la fierté** pour lui.

Remarque : « **Je l'aime** » (qui exprime l'amour) est plus fort que « **je l'aime beaucoup** » (grande affection) ou « **je l'aime bien** » (simple sympathie).

Quelques mots tendres…

MON AMOUR, MON CHÉRI,
MON CHAT, MON LAPIN,
MON TRÉSOR, MON GASPARD CHÉRI,
MON PETIT GASPARD,
MON AMOUR, MA CHÉRIE
MON ANGE, MA CHATTE,
MON TRÉSOR, MA BICHE,
MA LOUISE ADORÉE..

EXERCICES

1 Quelle phrase correspond le mieux à chacune des situations ?

1. « C'était tellement bien avec Vincent… Quel dommage que ce soit terminé ! »
a. Elle adore Vincent. – **b.** Elle a de la nostalgie. – **c.** Elle s'ennuie de Vincent.

2. « Ma fille est la meilleure élève de sa classe ! Elle est tellement intelligente ! »
a. Le père est fier de sa fille. – **b.** Le père en veut à sa fille. – **c.** Le père pense à sa fille.

3. « David, c'est l'amour de ma vie ! Je ne peux pas vivre sans lui ! »
a. Elle a de la tendresse pour David. – **b.** David ne la laisse pas indifférente. – **c.** Elle est folle amoureuse de David.

4. « Je ne sais pas pourquoi, mais je regarde tout le temps Nathalie, je la trouve pleine de charme. »
a. Il fait la cour à Nathalie. – **b.** Il est attiré par Nathalie. – **c.** Nathalie plaît aux hommes.

5. « Je ne suis pas amoureux de Sophie, mais je l'aime beaucoup. »
a. Il a un faible pour Sophie. – **b.** Sophie lui manque. – **c.** Il éprouve de la tendresse pour Sophie.

6. « C'est à cause de Fabrice que Ségolène m'a quitté ! Et moi qui croyais que Fabrice était un ami ! »
a. Il en veut à Fabrice. – **b.** Il a quitté Ségolène. – **c.** Il a trompé Ségolène.

7. « C'est très simple : je l'aime… »
a. Elle l'admire. – **b.** Elle l'adore. – **c.** Elle est amoureuse de lui.

2 Éliminez l'intrus.

1. inquiétude / confiance / souci
2. nostalgie / mélancolie / humeur
3. sympathie / amour / affection
4. bonne humeur / gaieté / fierté
5. espoir / peine / chagrin
6. adoration / réconciliation / brouille

3 Vrai ou faux ?

	VRAI	FAUX
1. Elle a le cafard = elle est déprimée.	❑	❑
2. Il aime beaucoup Sylvie = il est amoureux de Sylvie.	❑	❑
3. Ça te tracasse ? = tu es découragé ?	❑	❑
4. Je suis attirée par lui = il me plaît.	❑	❑
5. Il tient à elle = il lui est attaché.	❑	❑
6. Il s'ennuie de Micheline = Micheline est ennuyeuse.	❑	❑
7. Elle a un faible pour Blaise = Blaise ne la laisse pas indifférente.	❑	❑

12 LES RÉACTIONS ÉMOTIONNELLES

L'IRRITATION ET LA COLÈRE

• Ce matin, Yves a été bloqué dans un embouteillage. Comme il était déjà très **énervé** et que la circulation était d'une lenteur **exaspérante**, cela l'**a exaspéré** (1). Quand une autre voiture a provoqué un accident, il a été **furieux**, **hors de lui** (2). D'ailleurs, ce pauvre Yves est **stressé**, il est **dans un état de grande tension nerveuse**, il est **à cran*** = **à bout** = **à bout de nerfs**.

• Ça fait une heure que cette alarme sonne, **je n'en peux plus**, ce bruit est **insupportable**, il **me tape sur les nerfs*** ! Ce bruit **me rend fou / folle** !
Je **deviens fou / folle** !

• Mon travail est fatigant et ennuyeux, mes collègues sont désagréables :
j'en ai assez (de cette situation) / **j'en ai par-dessus la tête / j'en ai marre*** / **j'en ai ras-le-bol***, il faut que ça change !

• **Ça m'agace** que Quentin arrive toujours en retard aux rendez-vous. C'est **crispant** d'être obligé de l'attendre. Quand je le lui ai dit, il a été **vexé** (= il s'est senti blessé).

• J'espérais aller à l'opéra le mois prochain, mais il n'y a plus de place : je suis très **déçu**, quelle **déception** ! C'est vraiment **décevant** de ne pas pouvoir y aller !

• Émilie avait confiance en Thierry, mais il l'a quittée brusquement : Émilie est maintenant très **amère**, elle a beaucoup d'**amertume**.

• J'ai appris que mon banquier avait volé de l'argent : c'est **un scandale**, c'est **scandaleux**, c'est **inadmissible**. Je suis **indigné**, **outré**, **scandalisé**, **offusqué**, **ulcéré**, **révolté**. Cette nouvelle a provoqué **le mécontentement**, **la colère**, **l'indignation** de tous les clients de la banque.

EXERCICES

1 Choisissez la bonne réponse.

1. Son chef [devient | rend] Caroline folle.
2. Thérèse est [au bout | à bout] de nerfs.
3. Laurence est [décevante | déçue] par cette nouvelle.
4. Lucile en a [marron | marre].
5. Sophie est [nerveuse | énervée] par son travail.

2 Corrigez les phrases en vous aidant de la page ci-contre.

1. « Je ne peux plus ! » ____________________
2. C'est scandalisé ! ____________________
3. Elle en a sur la tête. ____________________
4. Nous sommes décevants de ne pas vous voir. ____________________
5. Elle est indigne. ____________________
6. Yves est vraiment en couleur. ____________________

3 Vrai ou faux ?

	VRAI	FAUX
1. Ça me tape sur les nerfs = je suis très déçu.	❑	❑
2. Elle est hors d'elle = elle est très énervée.	❑	❑
3. C'est crispant = j'ai besoin de me relaxer.	❑	❑
4. Il est ulcéré = il est malade de l'estomac.	❑	❑
5. Je suis scandalisé par cette situation = cette situation est inadmissible.	❑	❑
6. Elle est vexée = elle a de l'amertume.	❑	❑

4 Associez une situation et une phrase appropriée.

1. Violaine a attendu le plombier toute la journée, et il n'est jamais venu.
2. Nadège a vu un homme agresser une vieille dame.
3. Comme toutes les nuits, le voisin de Léa écoute de l'opéra à 3 heures du matin.
4. Lise travaille jour et nuit depuis une semaine.
5. Christine voulait partir en Mongolie, mais le voyage a été annulé à la dernière minute.

a. Elle est à bout.
b. Elle est très déçue.
c. Elle est furieuse.
d. Elle devient folle.
e. Elle est scandalisée.

LA SURPRISE (bonne ou mauvaise)

• Tu sais que Marjorie va se marier avec Damien ?
– **Tu plaisantes, ce n'est pas possible !** C'est **inouï, je n'en reviens pas***, je croyais qu'ils se détestaient !

• Quand Chantal a entendu la nouvelle, elle a été très **étonnée**, **stupéfaite**, **ébahie**, **sidérée**, **étonnée**, **abasourdie**, **éberluée**, **médusée**, **effarée**, **soufflée***, **sciée***...

• Lucien a été très agressif avec moi. J'**ai été pris au dépourvu** (= je n'étais pas préparé) et je n'ai pas su comment répondre.

• Les différences culturelles sont parfois **déroutantes** pour des étrangers: un ami nordique est **choqué** par la manière dont les Français se disputent parfois bruyamment.

Remarque : « **Il est choqué** » ≠ « **il est en état de choc** » (traumatisme moral ou physique).

LES ÉMOTIONS FORTES

• André a été profondément **ému** par un film très **émouvant**.

• Je suis **bouleversé**, car je viens d'apprendre que Gérard a perdu son fils. C'est **bouleversant**. Quand il a reçu cette tragique nouvelle, le pauvre Gérard a été **anéanti**, **abattu**, **atterré**, **accablé**.

LA GÊNE ET LA HONTE

• Quand nous avons vu cette femme se déshabiller dans la rue, nous avons été très **gênés**, **mal à l'aise** ; nous étions très **embarrassés**, nous ne savions pas quoi faire. La situation était vraiment **gênante**, **embarrassante**. Nous **avions honte** pour cette pauvre femme...

• **C'est une honte de** voir que des parents ne s'occupent pas de leurs enfants...

L'ENTHOUSIASME

• Ce spectacle était **une merveille**, c'était **extraordinaire**, **génial***, **super*** : j'ai été **enchanté**, **ébloui**, **émerveillé**, **emballé***. D'ailleurs, ce spectacle a été **un triomphe**, il a reçu un accueil **triomphal**, alors que le précédent avait été **un échec**.

EXERCICES

1 **Choisissez la meilleure légende pour les dessins suivants.**

1. Elle est | gênée | soufflée |.

2. Il est | dérouté | sidéré |.

3. Ils sont | bouleversés | effarés |.

4. Elle est | éblouie | inouïe |.

2 **Reconstituez les commentaires à la lettre de Flo.**

Ma chère Solène,
Juste un petit mot en vitesse. Figure-toi que j'ai une grande nouvelle : je pars !!! Je pars vivre dans la jungle pour 6 mois... ! J'ai vu un reportage à la télé et j'ai décidé de partir. Bien sûr, tu imagines les commentaires et les réactions autour de moi... Je vais t'écrire plus longuement très bientôt. Bisous, bisous,
Flo

1. « C'est normal que Flo parte, j'en étais sûr, ____________________ »
2. « ____________________ par le courage de Flo qui part toute seule ! »
3. « ____________ avec Flo, c'est qu'elle annonce ses décisions à la dernière minute ! »
4. « Moi qui espérais passer l'été avec Flo, ____________ »
5. « ______________ que Flo laisse ses pauvres parents seuls ! »
6. « Vraiment, Flo est ______________ , on ne sait jamais ce qu'elle va faire, elle me surprend toujours ! »
7. « _______________ qu'une jeune femme se laisse influencer par un stupide reportage ! »

a. quelle déception !
b. je suis outré
c. déroutante
d. je suis sidéré
e. elle en avait marre de notre civilisation !
f. c'est une honte
g. ce qui m'agace

L'ENNUI ET L'INTÉRÊT

• **Ça m'ennuie** = **ça m'embête* d'**aller déjeuner chez la tante Ursule : elle est **assommante***, elle répète toujours les mêmes histoires, elle est **barbante***. **Quelle barbe* d'être** obligé d'y aller ! **La barbe*** ! Ce déjeuner sera **à mourir d'ennui**, ce sera **ennuyeux à mourir**. Heureusement, il y aura Marius qui racontera son voyage au Brésil, ce sera très **intéressant**, ce sera même **passionnant** : d'ailleurs, Marius m'**intéresse** toujours. Il raconte bien, on ne **s'ennuie / s'embête*** jamais avec lui !

LA PEUR ET L'HORREUR

• Ce matin, j'**ai eu la frayeur de ma vie**. J'ai failli avoir un accident très grave, j'**ai eu une de ces peurs** ! **J'en tremble encore**. En général, j'**ai** toujours **peur qu**'un conducteur fasse une imprudence. Après cet incident, j'**appréhende de** conduire, j'**ai des appréhensions**, je ne me sens pas à l'aise.

• Chaque soir, le téléphone sonne chez Céline, personne ne parle. C'est vraiment **angoissant** ; Céline **redoute** la sonnerie du téléphone, elle est **angoissée**. On dirait une scène de film d'**angoisse** !

• Sabine, qui habite toute seule dans une maison isolée, a entendu un bruit bizarre qui lui **a fait une peur bleue**. Elle était **morte de peur** (= **de trouille***). En fait, c'était juste un chat qui faisait un bruit **épouvantable**…

• Nous avons vu un reportage **terrible** sur des enfants très malades. C'est **effroyable**, **atroce** de voir ça, **c'est une horreur** ! Nous sommes **horrifiés**, car ces enfants souffrent **horriblement**.

• Hélène est **terrifiée** par son mari qui la menace avec un revolver. C'est **terrifiant** de voir un homme devenir violent. Hélène est tellement **terrorisée** qu'elle n'ose pas partir. Je la plains de vivre ainsi dans **la terreur**.

• Il y a eu un feu dans le magasin, ce qui a provoqué l'**affolement** des clients : ils **se sont affolés**. Pourtant, il est très important de rester calme dans une telle situation, de ne pas **paniquer** : **la panique** est souvent dangereuse.

EXERCICES

1 Choisissez la bonne réponse.

1. José a eu [une peur | une frayeur] bleue.
2. Ce film est à mourir [d'ennui | de peur].
3. Françoise est [terroriste | terrorisée] par son voisin.
4. Cette conférence est [passionnée | passionnante].
5. Il est ennuyeux, [il est barbant | il a la barbe].
6. C'est horrible, c'est [assommant | effroyable].

2 Trouvez des mots de la même famille.

1. horreur : ____________________
2. terreur : ____________________
3. scandale : ____________________
4. nerfs : ____________________
5. gêne : ____________________
6. émotion : ____________________

3 Trouvez un synonyme aux expressions suivantes.

1. Ça l'ennuie. ____________________
2. Rémi a eu très peur. ____________________
3. Les enfants ont paniqué. ____________________
4. Hélène est stupéfaite. ____________________
5. Mes amis sont enchantés. ____________________
6. C'est très intéressant. ____________________

4 Trouvez le terme approprié à la situation.

1. Daniel vient d'apprendre la mort d'un ami.
   Daniel est ____________________
2. Jérôme va raconter ses souvenirs pour la dixième fois.
   Jérôme est ____________________
3. Valérie devait assister à la Coupe du monde de football, mais il n'y a plus de place.
   Valérie est ____________________
4. Thierry a trop bu hier et il a insulté des amis.
   Le lendemain, Thierry ____________________

13 LA VIE INTELLECTUELLE

LE RAISONNEMENT ET LA CONSCIENCE

• Une idée **m'est venue à l'esprit**, je vais inviter Jérôme pour mon anniversaire. **Ça ne m'a pas traversé l'esprit de** lui envoyer un fax (= je n'y ai vraiment pas pensé). Pourtant, je **n'avais qu'une idée en tête** : lui parler… Je me demande s'il **s'est rendu compte qu**'il me plaisait ; je crois qu'il **ne s'est aperçu de** rien. Le problème, avec lui, c'est qu'il n'**est** pas **conscient de** son charme. J'espère qu'il **remarquera** enfin que je cherche toujours à lui parler !

• Tu **comprends** ce que je veux dire ?
– Non, excuse-moi, je ne te **suis** pas très bien. Je ne **vois** pas **où tu veux en venir**.
– Oh toi, tu ne **piges*** jamais rien !
– Merci ! Mais puisque je n'arrive pas à **suivre ton raisonnement**, j'**en conclus / déduis que** c'est toi qui **as l'esprit confus**, ma chère !

• **Figure-toi** qu'à chaque fois, il **se trompe de** rue : il **confond** la rue Saint-Antoine avec la rue du Faubourg-Saint-Antoine. Il est vrai que **la confusion** est facile… Il pourrait vérifier sur un plan, **c'est une question de bon sens** !

• Est-ce que tu **as une idée du** nombre de personnes qui seront invitées ?
– Oui, j'**ai une vague idée**…
– Non, **aucune idée** ! Je **n'en ai pas la moindre idée** !

• Qu'est-ce que vous **pensez du** projet de construction de l'autoroute ?
– Même si certains **arguments** sont en faveur de cette construction, **je trouve** (= je pense) **qu**'il y a beaucoup de **contradictions** dans ce texte qui manque de **clarté**. Je **constate / observe que** l'auteur du rapport n'a pas **une conception** (= une idée) claire des problèmes de transport.

• Tu as l'air **pensif**… **À quoi tu penses ?**
– **Je réfléchis**. Je pensais **à** Viviane.
– Et quel est le résultat de **tes réflexions** ?

EXERCICES

1 Choisissez la bonne réponse.

1. Il n'a qu'une idée | à l'esprit | en tête |.
2. Elle a | une idée | un argument | de la date de la réunion ?
3. | Je trouve | Je confonds | que c'est un bon film.
4. Son article manque de | clarté | contradiction |.
5. Je ne vous | suis | vois | pas bien dans votre raisonnement.
6. Ça ne lui a pas | traversé | venu | l'esprit.
7. Tu as l'air | confus | pensif |.

2 Choisissez deux réponses appropriées.

1. Tiens, tu as changé de coiffure !
   a. Tu as remarqué ?
   b. C'est une question de bon sens.
   c. Tu t'en es rendu compte ?
2. Tu pourrais téléphoner à ton oncle !
   a. J'ai une vague idée.
   b. Figure-toi que j'y ai pensé.
   c. Bonne idée, ça ne m'avait pas traversé l'esprit.
3. Est-ce qu'il se rend compte que tu l'aides beaucoup ?
   a. Je n'en ai pas la moindre idée.
   b. Je crois qu'il ne s'en aperçoit pas.
   c. Il n'a qu'une idée en tête.
4. Qu'est-ce que tu en penses ?
   a. À mes vacances.
   b. Je trouve que c'est une bonne idée.
   c. Attends, je réfléchis.
5. Tu comprends ?
   a. Non, je ne vois pas où tu veux en venir.
   b. Non, ça ne m'est pas venu à l'esprit.
   c. Non, je ne te suis pas !

3 Associez une phrase et un commentaire.

1. « Ça ne m'a pas traversé l'esprit que ce serait difficile. »
2. « Je me rends compte que c'est difficile. »
3. « Évidemment, c'est vraiment difficile, c'est normal. »
4. « Finalement, après avoir tout analysé, c'est difficile.
5. « Je pense à une seule chose : la difficulté de ce projet. »
6. C'est peut-être difficile, je ne sais pas, je ne connais pas bien le projet… »

a. Elle conclut que c'est difficile.
b. Elle a une vague idée de la difficulté.
c. Elle n'avait pas pensé que ce serait difficile.
d. C'est difficile, c'est une question de bon sens.
e. Elle n'a qu'une idée en tête : la difficulté.
f. Elle s'aperçoit que c'est difficile.

LE DOUTE ET LA CERTITUDE

• Félix ne **croit** jamais Bruno :
= Félix **doute** toujours **de** ce que dit Bruno, il **en doute**.
= Félix **doute que** Bruno dise la vérité.
= Félix **a des doutes sur** les histoires que raconte Bruno.

• Est-ce que Mme Varant **sait** que sa fille a un petit ami ?
– Oh, je **suppose** qu'elle **s'en doute**… (≠ elle **en** est **certaine** / **persuadée** / **convaincue**, **sûre**).
– Moi, je suis **sceptique**, je ne **crois** pas qu'elle le sache.
– Eh bien moi, j'ai **la certitude**, **la conviction** qu'elle le sait.

Remarque : « Je m'en doute » signifie « je peux l'imaginer, je le crois », c'est-à-dire exactement le contraire de « j'en doute » = je ne crois pas…

LA RESPONSABILITÉ

• Il y a eu un accident de voiture. « **Je n'y suis pour rien** » = « **Ce n'est pas ma faute !** » dit Rémi, qui **rejette toute responsabilité**… Mais il est **de mauvaise foi**, il **a tort**, il **est responsable de** l'accident. Il faut savoir **reconnaître ses torts** (= **admettre** ses erreurs) !

• J'ai donné un billet de 5 € au lieu de 20 €. Mais j'étais **de bonne foi**, j'ai vraiment cru que j'avais donné 20 €.

• Mon chef **avait promis de** réorganiser son équipe, mais il ne veut pas **prendre la responsabilité d'**un tel changement, donc il ne **respecte** pas **ses engagements** (= il ne **tient** pas **ses promesses**).

• Quand vous dites que ce projet est idiot, vous **n'avez pas tort**, vous **avez** même **raison**.

• Ce pauvre Jacques a été accusé **à tort** (= en réalité il était innocent).

Remarque : L'expression « avoir tort » possède un caractère moral, et donc n'est pas exactement le contraire d'« avoir raison », qui a un caractère plus intellectuel, cérébral.
→ *« La fête nationale française est mardi.*
– Pas du tout = Ce n'est pas ça = Absolument pas = C'est faux, la fête nationale est samedi.
– C'est vrai, tu as raison, je le vois sur le calendrier. »

EXERCICES

1 Vrai ou faux ?

	VRAI	FAUX
1. Il n'a pas tort = il a raison.	❑	❑
2. Je doute qu'il vienne = je ne suis pas sûr qu'il vienne.	❑	❑
3. Elle est sceptique = elle s'en doute.	❑	❑
4. Tu respectes tes engagements = tu tiens tes promesses.	❑	❑
5. J'en suis convaincu = j'en suis sûr.	❑	❑
6. Ce n'est pas sa faute = il n'y est pour rien.	❑	❑
7. Elle a tort = elle rejette la responsabilité.	❑	❑
8. Il est de bonne foi = il en est certain.	❑	❑

2 Choisissez la réponse appropriée.

1. « C'est ta faute ! »
  a. Non, je n'y suis pour rien.
  b. Non, j'ai tort.

2. « Tu sais que Julie sort avec Baptiste ? »
  a. Tu n'as pas tort.
  b. Je m'en doutais.

3. « Il avait pourtant dit qu'il viendrait ! »
  a. Tu sais bien qu'il ne tient jamais ses promesses.
  b. Tu sais bien qu'il a des doutes.

4. J'ai refusé de partir avec eux.
  a. Je crois que tu as eu tort.
  b. Tu n'y es pour rien.

5. « C'est lui qui a volé la voiture ! »
  a. Non, on l'a accusé à tort.
  b. Non, il reconnaît ses torts.

6. « Vraiment ? Tu es sûre ? Ça me semble bizarre… »
  a. Tu t'en doutes ?
  b. Tu en doutes ?

7. « Tu penses vraiment que c'est une bonne décision ? »
  a. J'en ai la conviction.
  b. Tu as raison.

8. « Je suis certain que Marc refusera. »
  a. Moi, je suppose.
  b. Moi, je suis sceptique.

3 Éliminez l'intrus.

1. supposer / s'apercevoir / se rendre compte
2. confondre / se tromper / remarquer
3. reconnaître / promettre / admettre
4. sceptique / convaincu / persuadé
5. comprendre / suivre / confondre
6. douter / s'en douter / avoir des doutes
7. conclure / croire / déduire

L'INTELLIGENCE ET LA BÊTISE

• Annie est **intelligente**, elle est même **brillante** (on remarque son intelligence). Elle est **spirituelle** (= elle **a beaucoup d'esprit**) : elle a **l'esprit vif**, elle est **vive** et amusante. Sa fille de 6 ans est aussi **espiègle** (= vive et **coquine**). Son **espièglerie** m'amuse.

• Michel **est une tête**, c'est **un intellectuel** qui a beaucoup de **curiosité d'esprit**. Il **s'intéresse à tout**, il est très **curieux**. Il est aussi très **perspicace** (= **lucide** et **intuitif**). Il est d'**une perspicacité** et d'**une lucidité** remarquables : il a beaucoup d'**intuition**.

• Ce garçon est **malin comme un singe** : il est **habile**, **adroit**, **ingénieux**, **futé*** (= il trouve des solutions efficaces mais pas nécessairement honnêtes...).

• Étienne **n'est pas un génie**, mais il est très **dégourdi**, **débrouillard*** (= il a une vive intelligence pratique).

Remarque : À partir du verbe « **se débrouiller** » (= trouver des solutions habiles), on a construit l'expression « **le système D** » : on dit que le « système D » constitue une caractéristique des Français, spécialistes de « **la débrouille** »... !

• Ce pauvre Raymond n'est vraiment **pas malin**, il est **idiot**, **bête**, **stupide**, **cloche***. **Il n'a pas inventé l'eau chaude**, il a l'esprit **lent**, il est un peu **retardé***... Il est d'**une bêtise** extraordinaire !

• Ce matin, un conducteur a insulté un piéton : « **Andouille*** ! **crétin*** ! **imbécile*** ! »

• Quelle **gourde***, cette Valérie ! (= Comme elle est bête et maladroite !)

LA FOLIE

• Il est un peu **fou**, il est **dérangé***, **givré***, **piqué***, **toqué***, **timbré***, **zinzin***...
• Il est complètement fou, **dément**, **fou à lier***, **dingue***, **cinglé***...
• Elle **a perdu la tête**, elle **déraille***, elle **déménage***, elle **débloque***...

EXERCICES

1 Choisissez la bonne réponse.

1. Paul est | une tête | bête |, il est très intelligent.
2. Il a de | la tête | l'esprit |.
3. Il a de la curiosité | d'esprit | de tête |.
4. Elle est idiote, elle est | cloche | toquée |.
5. Il a | déménagé | perdu | la tête.
6. Il est | adroit | malin | comme un singe.

2 Complétez en choisissant parmi les mots suivants.

espiègle – une tête – spirituel – s'intéresse à tout – un intellectuel – dégourdi – malin – débloque – l'esprit lent

1. Il est rapide et a l'esprit pratique, il est ____________________
2. Il est drôle et vif, il est ____________________
3. Il est complètement fou, il ____________________
4. Elle a de la curiosité d'esprit, elle ____________________
5. Il n'est pas vif, il a ____________________
6. Elle est vraiment très intelligente, c'est ____________________

3 Complétez le texte par les mots suivants.

à lier – tenu – reconnaître – Figure – sa faute – doutes – gourde – promis – dégourdie – suivi le raisonnement – promesse – rendu – brillant

Cher Lucien,
Quelle soirée j'ai passée hier ! Je dois ____________ que ça n'a pas été très agréable...
Laetitia, toujours un peu ____________, n'a absolument pas ____________ ____________ ____________ de Luc. Bien sûr, il s'en est ____________ compte. Tu connais Luc, il est ____________, mais fou ____________ ____________...
D'autre part, Véro avait ____________ d'apporter le dessert, mais comme d'habitude elle n'a pas ____________ sa ____________.
____________-toi qu'elle a même dit que ce n'était pas ____________ ____________ ____________, qu'on lui avait mal expliqué !
Alors, Adèle, toujours très ____________, nous a fait un dessert à la dernière minute. Tu te ____________ bien que c'était délicieux, heureusement !...

À PROPOS D'UNE IDÉE

• Construire un aéroport dans ce village est **absurde**, **aberrant**, **insensé** ! Ce n'est ni **logique**, ni **rationnel** ! Il n'est pas **réaliste** de penser que ce village se développera comme une capitale ! Il n'est pas **raisonnable** de dépenser tant d'argent pour rien.

• **Ce n'était pas malin** d'inviter Alain à cette conférence ! Il a posé une question **saugrenue**, **incongrue** (= stupide et **inappropriée**), elle **tombait comme un cheveu sur la soupe**. En revanche, Grégoire a posé une question tout à fait **pertinente** (= intelligente et **adéquate**). La réponse de René a été **astucieuse** (= intelligente et habile).

• Cet article **n'a ni queue ni tête**, il est **illogique** et mal construit. **Ça dépasse tout ce qu'on peut imaginer** (= c'est **inimaginable**).

LA MÉMOIRE

• Est-ce que tu **te souviens du** nom de la petite ville que nous avions visitée dans le Languedoc ? Comment s'appelait-elle ? **Son nom m'échappe**... C'est terrible, j'ai de plus en plus de **trous de mémoire** !
– Moi non plus, **je ne sais plus** (= je ne me souviens plus)...
– Oh, j'ai **le mot sur le bout de la langue**. U... Us... Attends, **ça va me revenir**. Ça y est, Uzès !

• Est-ce que tu **as pensé à** écrire à Daniel ?
– Non, zut, **ça m'est** complètement **sorti de la tête**. C'est quoi son adresse ? Je n'arrive jamais à la **retenir** !
– Si j'**ai bonne mémoire**, c'est 18, rue de la Perle.
– Oui, tu as raison, tu as **une mémoire d'éléphant**. Moi, je n'ai pas **la mémoire des noms**.
– Tiens, à propos de Daniel, **ça me rappelle que** je dois lui rendre un livre.

• Combien y a-t-il de participants à cette conférence ?
– Je n'ai plus le chiffre exact **en tête**, mais **de mémoire** je dirais 150.

EXERCICES

1 Associez un jugement à chacune de ces propositions.

1. « Cet homme est très compétent, c'est lui qui va devenir le chef de ce département. »
2. « Je n'ai plus d'argent, mais je vais quand même acheter trois disques. »
3. « On a oublié d'éteindre la radio avant de partir... »
4. « On a décidé de fermer complètement l'aéroport de Paris-Charles-de-Gaulle pour travaux. »
5. « Je pense que vous pourrez finir de rédiger ces 200 pages pour demain. »
6. « J'ai demandé à mon mécanicien si je pouvais faire du sport. »

a. Ce n'est pas réaliste.
b. Ce n'est pas raisonnable !
c. C'est logique.
d. C'est une question saugrenue !
e. Ce n'est pas malin !
f. C'est aberrant !

2 Vrai ou faux ?

	VRAI	FAUX
1. Il a une mémoire d'éléphant = il a des trous de mémoire.	❑	❑
2. Ça lui est sorti de la tête = il n'avait qu'une idée en tête.	❑	❑
3. Elle a pensé à fermer la fenêtre = elle s'est souvenue de fermer la fenêtre.	❑	❑
4. Le nom de cet acteur m'échappe = je ne sais plus le nom de cet acteur.	❑	❑
5. Il a le nom sur le bout de la langue = il a la mémoire des noms.	❑	❑
6. Elle a du mal à retenir les dates = elle a du mal à tenir ses promesses.	❑	❑
7. Ce nom va te revenir = tu vas te souvenir du nom.	❑	❑

3 Associez.

1. Ce chimiste est
2. Il a beaucoup
3. Ça te vient
4. Je n'ai plus ce nom
5. Il n'a qu'une idée
6. Ça lui est sorti de
7. Ça n'a ni queue ni
8. Ça ne vous a pas traversé
9. Elle a perdu

a. en tête.
b. à l'esprit.
c. d'esprit.
d. tête.
e. l'esprit.
f. la tête.
g. une tête.

14 LA VOLONTÉ ET L'ACTION

LES PROJETS ET LES DÉCISIONS

• Tu as **des projets**, pour les vacances ?
– Oui, j'**ai prévu** = **projeté de** partir à l'étranger. J'**envisage d'**aller en Amérique latine, mais je n'**ai pas encore pris de décision**. J'**hésite entre** le Pérou et l'Argentine. Pour la beauté des paysages, il y a **l'embarras du choix** (= il y a beaucoup de possibilités) !
– Quand est-ce que tu vas **te décider** ?

• Félix m'**a proposé de** partir avec lui en Amérique du Sud ! J'ai envie de **tenter l'expérience**, mais ce voyage me fait un peu peur.

• Est-ce que tu **as pris tes bonnes résolutions** pour cette année ?
– Oui, j'**ai pris la ferme résolution de** faire du sport.
– Tu plaisantes, c'est la troisième fois que tu **décides d'**en faire !
– Non, cette fois-ci, je n'ai pas pris la décision **sur un coup de tête*** (= impulsivement), je suis **déterminé**.

LES RISQUES ET LES CHOIX

• Si Bruno veut participer au marathon, il doit arrêter de fumer, il **n'a pas le choix**. Son médecin lui a dit : « **À vous de choisir**, c'est la cigarette ou le jogging. » Il **a fait son choix**… Il ne peut pas **avoir le beurre et l'argent du beurre** !… Il **se fixe comme but** de faire le Marathon de Paris. Il **atteindra** certainement **ses objectifs**, car il a **une volonté de fer**.

• J'aimerais bien inviter Marine, mais je n'**ose** pas… Je **risque de** la déranger… Qu'est-ce que tu en penses ?
– Essaye ! **Prends le risque, « qui ne risque rien n'a rien ! » Jette-toi à l'eau*** !

• Yves est **perplexe**, il **ne sait pas quoi faire** : on lui propose deux postes, l'un à Paris, l'autre à Rome. Il aime les deux villes, et les deux postes sont intéressants. Que faire ? Quel **dilemme** ! Il **a l'intention d'**en discuter avec sa femme, car c'est probablement elle qui **tranchera**.

EXERCICES

1 **Choisissez la bonne réponse.**

1. En janvier, beaucoup de gens prennent de bonnes | résolutions | décisions |.
2. Est-ce que vous avez | pris | fait | votre choix ?
3. Elle | n'hésite | n'ose | pas lui écrire.
4. Nous avons | l'intention | le choix | de faire du camping cet été.
5. Je me demande si elle atteindra ses | choix | objectifs |.
6. Le choix est difficile, mais c'est mon chef qui | coupera | tranchera |.

2 **Associez en recherchant le meilleur équivalent.**

1. Il a la liberté de décider.
2. J'ai beaucoup de possibilités.
3. C'est décidé, à partir de lundi, je vais à la piscine tous les jours.
4. Il se demande s'il va acheter une voiture.
5. Je ne sais vraiment pas quoi penser de cette situation.
6. Je suis parti impulsivement.
7. Il veut à la fois manger des gâteaux au chocolat et perdre du poids.

a. J'ai pris une bonne résolution.
b. Je suis parti sur un coup de tête.
c. C'est à lui de choisir.
d. Il veut le beurre et l'argent du beurre.
e. J'ai l'embarras du choix.
f. Il envisage d'en acheter une.
g. Je suis perplexe.

3 **Complétez ce début de lettre, en choisissant parmi les expressions suivantes.**

risque – choix – hésite – but – décisions – ose – jette à l'eau – objectifs – fait – tente – résolutions – propose – pris – envisage

Ma chère Magali,
J'ai beaucoup de choses à te raconter ! Figure-toi que j'ai enfin ____________ une grande décision : je ne veux plus rester seule, je me ______ ______ ______ et je m'inscris à un club de rencontres — tu comprends, c'est la rentrée, c'est le temps des bonnes ____________ . Et puis, tu connais ma timidité, je n'____________ pas parler aux hommes, c'est vraiment difficile de faire des rencontres.
J'y suis donc allée déjà plusieurs fois, et maintenant quelqu'un m'a invitée à dîner samedi ! J'____________ à accepter, parce qu'il a l'air sympa mais un peu timide... Tu imagines la conversation entre deux timides ! L'horreur... Oui, j'entends déjà ta réponse, je te connais : « ____________ l'expérience ! Qui ne ____________ rien n'a rien... » Peut-être, après tout...

L'EFFORT ET L'ACTION

• Ce pauvre Marc **s'efforce** = **essaye de** bien faire, il **fait des efforts**. Il **fait de son mieux**, il **fait ce qu'il peut**, il **se donne de la peine**, mais le résultat est toujours catastrophique… Il n'**arrive** pas **à effectuer** / **exécuter une tâche** correctement, à **remplir une mission** comme on lui a demandé.

• Tu **as fait exprès de** laisser ce paquet devant la porte ? **C'est exprès*** ?
– Non, excuse-moi, je l'ai fait **machinalement**, sans faire attention.
– Enlève-le alors, parce que cela m'**empêche** de passer.

• Sylvain **a entrepris de** traverser l'Atlantique en bateau. S'il **réussit**, je serai fier de sa **réussite**. S'il **échoue** au contraire, je serai très déçu, **son échec** sera une déception. De toute façon, Sylvain **ira jusqu'au bout** de cette **entreprise**, il ne **renoncera** jamais **à** ce voyage, malgré les dangers. Il veut **réaliser son rêve**. Pour lui, ce sera **un accomplissement**, il va enfin **accomplir** son projet.

• Frédéric est toujours en train de **s'activer** : il ne peut pas **rester sans rien faire**. Quand il a une idée, il est capable de **remuer ciel et terre** pour atteindre ses objectifs. Blaise, au contraire, **traîne*** toute la journée, **il ne fiche* pas grand-chose**. Il **se contente** de faire le minimum.

• Lionel ne voulait pas faire ce travail. Il a exprimé **des réticences sur** ce travail, il est assez **réticent**. Il le fait **à contrecœur**, sans enthousiasme.

QUELQUES EXPRESSIONS IMAGÉES

• *Je suis au pied du mur* : maintenant, je n'ai plus le choix, je dois prendre une décision.
• *C'est reculer pour mieux sauter* : on reporte une décision qu'on devra prendre obligatoirement.
• *Elle prend le taureau par les cornes* : elle s'attaque à son projet avec énergie.
• *On ne fait pas d'omelette sans casser des œufs* : il faut accepter de perdre quelque chose pour réussir un projet.

EXERCICES

1 Répondez par le contraire.

1. – Est-ce qu'il a échoué dans son projet ?
   – Non, au contraire, ______________________
2. – Est-ce qu'elle le fait avec enthousiasme ?
   – Non, pas du tout, ______________________
3. – Est-ce que tu t'es activé pendant la journée ?
   – Non, ______________________
4. – Est-ce qu'elle renoncera à son projet ?
   – Non, au contraire, ______________________
5. – Est-ce qu'il l'a dit sans faire attention ?
   – Non, je suis sûr qu'il ______________________
6. – Est-ce qu'il peut encore retarder sa décision ?
   – Non, il est ______________________
7. – Est-ce que tu as fait exprès d'éteindre la lumière ?
   – Non, je ______________________

2 Remettez les phrases dans un ordre logique.

☐ **a.** Il est perplexe.
☐ **b.** Il remue ciel et terre pour trouver un billet d'avion.
☐ **c.** Il fait son choix.
☐ **d.** Il décide de partir en Écosse.
☐ **e.** Il hésite entre l'Irlande et l'Écosse.
☐ **f.** Il prévoit de partir en voyage.

3 Éliminez l'intrus.

1. Elle réalise. / Elle envisage. / Elle accomplit.
2. Je tente. / Je risque. / Je tranche.
3. Qui ne risque rien n'a rien. / On ne fait pas d'omelettes sans casser des œufs. / On est au pied du mur.
4. Il l'a effectué. / Il l'a prévu. / Il l'a projeté.
5. Elle atteint ses objectifs. / Elle remue ciel et terre. / Elle réalise son projet.
6. Il se jette à l'eau. / Il veut le beurre et l'argent du beurre. / Il a entrepris ce voyage sur un coup de tête.
7. Elle a traîné toute la journée. / Elle l'a fait à contrecœur. / Elle est restée sans rien faire.
8. Je fais des efforts. / Je suis perplexe. / J'hésite.

15 LA COMMUNICATION

LA PAROLE

• Un acteur de théâtre doit **prononcer** parfaitement les sons, soigner **sa prononciation**; il doit aussi bien **articuler**, **l'articulation** est essentielle. Il parle **à haute voix**; quand il parle **à voix basse**, il **chuchote**, on n'entend que des **chuchotements**.

• « B... bon... bon... j... j... jour! »: Daniel **bégaye**. Quant à Émilie, elle était tellement émue qu'elle n'a pas répondu clairement, elle **a bafouillé*** = **bredouillé** quelques mots. Didier au contraire **s'exprime** clairement et parle souvent **sur un ton catégorique** (= **affirmatif** et plein de certitude).

• Maman! **crie** le petit garçon.
– Ne **hurle** pas, je ne suis pas sourde! J'ai horreur des **hurlements**!

• Estelle ne parle pas bien espagnol, elle le **baragouine*** seulement.

• Ce vieil homme **radote** = il répète toujours les mêmes choses.

LA CONVERSATION

• J'**ai questionné** Éric et Nadège **sur** leurs voyages, je leur **ai posé** des **questions**. Éric m'**a** tout **raconté en détail**, il m'**a** tout **expliqué en long et en large**. Nadège, au contraire, a répondu **brièvement**.

• Est-ce que Serge **a fait allusion à** son départ ?
– Non, pas vraiment, nous n'**avons** pas **abordé le sujet**, mais il en **a parlé à demi-mot**, sans vraiment le **mentionner** clairement. De toute façon, Serge parle toujours **par sous-entendus**, c'est assez désagréable. Rien n'est **explicite**.

• Julien **a dit beaucoup de bien** de Valérie, il lui a **fait des compliments sur** son travail.
– Des compliments ? **Façon de parler**! Il lui **a fait des reproches**: il lui **a reproché** d'être toujours en retard!

EXERCICES

1 **Répondez aux questions.**

1. – Est-ce qu'il crie ?
   – Non, au contraire, il ______________________________
2. – Est-ce que tu lui as reproché quelque chose ?
   – Non, je ______________________________
3. – Est-ce que vous avez abordé le sujet ?
   – Oui, justement, nous ______________________________
4. – Est-ce que tu parles bien l'allemand ?
   – Non, pas du tout, je ______________________________
5. – Est-ce qu'elle parle à voix basse ?
   – Non, elle ______________________________
6. – Est-ce qu'il articule clairement ?
   – Oh non, il ______________________________
7. – Est-ce qu'elle a parlé de manière explicite de son mariage ?
   – Non, elle ______________________________
8. – Est-ce qu'il a expliqué la situation brièvement ?
   – Non, au contraire, il ______________________________

2 **Que font ces personnes ? Commentez par une phrase en choisissant parmi les expressions suivantes.**

questionner – aborder un sujet – articuler – faire un compliment – parler par sous-entendus – hurler – dire du bien – bafouiller – faire un reproche – parler sur un ton catégorique – radoter

1. « Tu as très bien travaillé, bravo ! » Il ______________________________
2. « Eh bien, bon, voilà, donc, je voulais dire… » Elle ______________________________
3. « Michel est un excellent pianiste, très doué. » Je ______________________________
4. « Je voudrais maintenant parler de l'organisation. » Il ______________________________
5. « Pourquoi est-ce que vous n'avez rien dit ? Vous auriez dû me téléphoner tout de suite ! » Elle ______________________________
6. « J'en suis sûr et certain ! » Il ______________________________
7. « Quelqu'un… enfin… je ne dirai rien, mais vous voyez de qui je veux parler… bref… nous avons eu quelques problèmes avec cette personne… » Il ______________________________
8. « Est-ce que vous pouvez me parler de la situation ? » Il ______________________________

LA CONVERSATION PROFESSIONNELLE

• Brigitte **a demandé un entretien** = **une entrevue** à M. Brochant. Elle **a eu** un entretien avec lui, elle **s'est entretenue en tête à tête avec son interlocuteur** pendant deux heures. Ils **ont traité** de **sujets** importants pour la carrière de Brigitte.

Remarque : « Une entrevue » ≠ « une interview » (publique et médiatique).

• **prendre contact** = **se mettre en contact / en relation**
= **entrer en contact / en relation**
être en contact / en relation
garder le contact = **rester en contact / en relation** ≠ **perdre le contact**

LE BAVARDAGE

• Simon est tellement **bavard** que **je n'ai pas pu ouvrir la bouche** de la soirée ! Je voulais lui demander de **se taire**, au moins quelques minutes !
En plus, il n'est jamais sérieux, il **plaisante** tout le temps, il fait beaucoup de **plaisanteries**. Il **dit des bêtises** et il **fait** de mauvais **jeux de mots**, « **pour un oui, pour un non** » (= à toutes les occasions).

• Quentin et Sophie **ont bavardé** dans un café ; ils ont parlé **de tout et de rien**, **de choses et d'autres**. Sophie **rapporte** tous **les potins** du quartier. « **Il paraît que** Mme Floret a quitté son mari… » C'est juste **une rumeur**, bien sûr... Quentin **taquine** Sophie (= il **se moque** d'elle gentiment), il dit qu'elle est **une** vraie **commère**.

• C'est vrai ? Ce n'est pas **un mensonge** ? Luc **dit la vérité** ?
– Non, je ne crois pas, je suis sûr qu'il **ment**. Il a toujours été **menteur**.

• Tu sais qu'Élodie **a fait une** grosse **gaffe** hier ? Elle parlait avec une dame dans le bus, et elle a commencé à **dire du mal de** M. Baujon, en disant qu'il était complètement idiot. Figure-toi que la dame était Mme Baujon !
– **Sans blague*** !
– Heureusement, Élodie **a de la repartie**. Elle **a répondu du tac au tac** (= immédiatement) qu'elle **avait fait un lapsus**, qu'elle voulait parler de M. Bauvert.
– Sacrée Élodie… À propos, « **je passe du coq à l'âne** », mais est-ce que tu as vu le dernier film de Resnais ?

EXERCICES

1 Associez les contraires.

1. Il dit du bien.
2. Il parle.
3. Ils restent en contact.
4. Elle dit la vérité.
5. Elle bavarde.

a. Ils perdent le contact.
b. Elle n'ouvre pas la bouche.
c. Il se tait.
d. Il dit du mal.
e. Elle ment.

2 Choisissez les mots ou expressions possibles.

1. Elle a *demandé* / *eu* / *bavardé* un entretien.
2. Il dit *du mal* / *du tac au tac* / *du bien* / *une bêtise* / *la vérité* / *une gaffe.*
3. Elle a *de la repartie* / *en contact* / *un entretien* / *une rumeur.*
4. Ils parlent *de tout et de rien* / *à demi-mot* / *du coq à l'âne* / *à voix basse* / *du bien.*
5. Il a fait *un compliment* / *une gaffe* / *une rumeur* / *un lapsus* / *un jeu de mots.*
6. Nous *traitons* / *abordons* / *radotons* / *disons* / *bavardons* un sujet.

3 Choisissez la meilleure explication.

1. « Je passe du coq à l'âne. »
   a. Je parle des animaux.
   b. Je change complètement de sujet.
   c. Je bavarde beaucoup.
2. « Votre travail est excellent ! »
   a. Elle dit du bien de quelqu'un.
   b. Elle fait un jeu de mots.
   c. Elle fait un compliment à quelqu'un.
3. « Il paraît que Chantal part à Rome… »
   a. Je sais que Chantal part à Rome.
   b. Chantal m'a dit qu'elle partait à Rome.
   c. On m'a dit que Chantal partait à Rome.
4. « Elle a répondu du tac au tac. »
   a. Elle a fait un mensonge.
   b. Elle a répondu vite et bien.
   c. Elle a répondu par une plaisanterie.
5. « Il a fait un lapsus. »
   a. Il a dit un mot pour un autre.
   b. Il a menti.
   c. Il a dit du mal de quelqu'un.
6. « Violaine est agressive et désagréable. »
   a. Il fait allusion à Violaine.
   b. Il taquine Violaine.
   c. Il dit du mal de Violaine.

DISCUTER

• En général, les Français aiment **discuter** = **débattre**, ils aiment échanger des opinions contradictoires. Ils **engagent** / **lancent** / **entament** facilement **la discussion** ou **le débat**, ils **participent à** des débats / des discussions, ils **interviennent** dedans. Ils **prennent parti pour** ou **contre** quelqu'un.

• Parfois, la discussion tourne en **dispute** = en « **engueulade*** » (= échange de paroles violentes), les gens **se disputent** = **s'engueulent***. Ils **échangent des insultes** / **des injures**, ils **se traitent d'**imbéciles… Certaines disputes reposent juste sur **des malentendus** = les gens se sont mal compris.

PROTESTER

• Le client du restaurant **a protesté** quand on lui a donné un plat complètement froid : sa **protestation** a embarrassé le serveur. Le client **a réclamé** le remboursement de son repas. Sa **réclamation** a été acceptée.

• Agnès n'arrête pas de **se plaindre de** son travail, elle n'est jamais contente, ce sont des **plaintes** continuelles…
– Elle **râle*** tout le temps ! D'ailleurs, les Français ont la réputation d'être **râleurs*** !

INFORMER

• Est-ce que tu **es au courant de** la nouvelle organisation des cours ?
– Non, personne ne m'**a mis au courant**, personne ne m'**a informé**. Où est-ce que je peux **me renseigner** ?
– Le secrétariat **renseigne** tout le monde, il **fournit** tous **les renseignements**.
– Bon, j'y vais tout de suite et je te **tiendrai au courant**. Je te **donnerai les infos***.
– Je te **signale** que le secrétariat est fermé le samedi…

• Raphaël est arrivé **sans prévenir** = **à l'improviste**, il ne m'**a pas prévenu**.

• Rémi a eu des problèmes en montagne. Pourtant, on l'**avait averti du** danger. Je lui **ai fait remarquer** qu'il n'écoutait jamais **les avertissements**. Finalement, il **a admis** = **reconnu** qu'il avait pris des risques inutiles.

EXERCICES

1 **Vrai ou faux ?**

	VRAI	FAUX
1. Ils se disputent = ils s'engueulent.	❑	❑
2. Il râle chaque fois qu'il part en voyage = il m'avertit qu'il part en voyage.	❑	❑
3. Elle m'a mis au courant = je lui ai fourni des renseignements.	❑	❑
4. Vous participez à une discussion = vous intervenez dans la discussion.	❑	❑
5. Je suis au courant du problème = on m'a averti.	❑	❑
6. Il se renseignera = il donnera les infos.	❑	❑
7. Elle ne m'a pas prévenu de son départ = elle ne m'a pas informé de son départ.	❑	❑

2 **Choisissez la bonne réponse.**

1. Ils ont | protesté | réclamé | une augmentation de salaire.

2. Il | se plaint | se renseigne | de la situation.

3. Nous | sommes | mettons | au courant de cette affaire.

4. Elle a | protesté | prévenu | qu'elle serait un peu en retard.

5. Ils ont | engagé | intervenu | un débat.

6. Je peux vous | informer | renseigner | ?

7. Ils ont | échangé | réclamé | des insultes.

3 **Replacez les mots suivants dans la lettre de Jérôme.**

engueulés – reconnais – au courant – raconte – à l'improviste – de tout et de rien – bavarder – pour un oui, pour un non – traités – gaffes

Cher François,

Il faut que je te ____________ en détail la soirée d'hier. Ça a été vraiment désagréable. On a commencé à ________________ gentiment, on a parlé ______________ . Je n'étais pas ________________ que Viviane et Arnaud allaient divorcer. L'horreur ! Ils se sont ____________________ toute la soirée, ils se sont ______________ de menteurs et d'idiots... Tu imagines l'atmosphère ! Heureusement, Ségolène est arrivée ______________ : tu la connais, elle plaisante ______________ . Évidemment, elle a fait beaucoup de ____________________ , mais finalement je ____________________ que c'est elle qui a sauvé la soirée du désastre total !

ANNONCER

• Le célèbre acteur **a annoncé** son mariage pour le mois prochain. Il l'**a déclaré** à la presse, mais n'**a** pas encore **révélé** le lieu du mariage, qui reste secret. Pourtant, un journaliste **affirme** = **assure** = **certifie** que la cérémonie aura lieu dans un château près de Paris.

• Finalement, **il s'avère** que le mariage aura lieu près de Fontainebleau. **L'affirmation** du journaliste était donc juste.

• M. Roux **prétend** connaître le directeur = **soi-disant**, il connaît le directeur. M. Roux **soutient** que le directeur l'a invité à venir. Je lui ai demandé **des précisions** sur ce rendez-vous, mais il ne me les **a** pas **apportées** / **fournies** / **données**. Je **précise** que le directeur **a** tout de même **accepté** de rencontrer M. Roux.

INFLUENCER

• J'**insiste pour que** tu viennes à cette réunion.
– **N'insiste pas**, **inutile d'insister**, je ne viendrai pas.

• J'aimerais vous **demander un conseil**. Qu'est-ce que vous me **conseillez** comme livre ?
– Je vous **recommande** ce roman, qui est excellent. Je l'ai lu **sur le conseil de** Marjorie, et je suis content d'**avoir suivi son conseil**. D'ailleurs, elle **donne** toujours de bons **conseils**. En revanche, je vous **déconseille** cet essai, il est mauvais.

• Je ne voulais pas aller au cinéma, mais Alain m'**a convaincu** d'y aller. Pourtant, j'étais **persuadé** que le film serait mauvais, mais la force de **conviction** d'Alain m'**a poussé** / **incité** à accepter sa proposition. Il m'**influence** toujours dans mes choix. Il a beaucoup d'**influence sur** moi.

• Grégoire **avait promis** de m'aider à déménager. Heureusement qu'il **a tenu parole** (= **sa promesse**), car il y avait au moins 200 cartons à transporter – je n'**exagère** pas ! 200 cartons ! Ce n'est pas **une exagération** !

EXERCICES

1 **Choisissez la ou les bonnes réponses.**

1. « Vraiment, va voir ce film, je t'assure, il est excellent ! »
   a. N'insiste pas, je n'irai pas.
   b. Je te recommande ce film.
   c. Bon, tu m'a convaincu, j'irai le voir !
2. « Je vous conseille de prendre l'autoroute. »
   a. Vous exagérez !
   b. Je suivrai votre conseil.
   c. Vous m'avez promis de prendre l'autoroute.
3. « Finalement, le directeur de la société n'a pas participé au débat. »
   a. Oui, c'est vrai, il s'avère qu'il n'y a pas participé.
   b. Oui, on l'a poussé à y participer.
   c. Soi-disant, il a participé au débat.
4. « Tu sais que Blandine Leneuve a été invitée au Festival de Cannes ? »
   a. Pourtant je lui avais promis d'y aller.
   b. Je sais, elle a annoncé qu'on l'avait invitée.
   c. Ah bon ? Pourtant, un journaliste affirme qu'elle n'a pas été invitée !
5. « Je ne pourrai pas venir à ta fête, demain, je suis désolé ! »
   a. Mais tu m'avais promis de venir !
   b. Heureusement que tu as suivi mon conseil !
   c. N'insiste pas !

2 **Selon vous, lors d'une joyeuse fête amicale, ces actions sont-elles...**

plutôt positives	plutôt négatives	ça dépend des cas
______	______	______
______	______	______
______	______	______
______	______	______
______	______	______
______	______	______

hurler – plaisanter – se taire – s'engueuler – râler – demander conseil – tenir parole – exagérer – passer du coq à l'âne – parler de tout et de rien – faire des compliments – radoter – bafouiller – reprocher – réclamer – engager un débat – bavarder – se plaindre – faire des jeux de mots

16 LA POSTE – LES SERVICES L'ADMINISTRATION

LA POSTE

Le facteur / la factrice assure **la distribution** du **courrier** (= **lettres** et **paquets**). Pour **envoyer** = **poster** un courrier, on peut **coller un timbre**, ou aller au **bureau de poste** pour l'**affranchir** (= payer le tarif nécessaire).

On peut envoyer une lettre ou un paquet **en recommandé** (= assuré avec une preuve de l'envoi), ou **en recommandé avec accusé de réception** (= avec une preuve de la réception).

LA MAIRIE

- On y **déclare** un mariage, un divorce, une naissance ou un décès. La mairie **délivre** des documents administratifs (**la carte d'identité**, par exemple).

- **Les services municipaux** assurent **l'entretien** : **les éboueurs** enlèvent **les ordures** : ils **vident les poubelles** dans leur camion, **les balayeurs** nettoient les rues et **les jardiniers** s'occupent des jardins publics.

LES SECOURS

- **Les pompiers** (numéro de téléphone : 18). Ils aident immédiatement dans toutes les situations difficiles et dangereuses : accidents de la route, incendies, feux de forêt, explosions, inondations, attentats terroristes…

EXERCICES

1 **À la poste. Complétez les phrases en choisissant parmi les mots suivants.**

affranchir – tampon – enveloppes – écrire – recommandée – envoyer – coller – recevoir – lettre – colis – timbres

1. Je voudrais huit ______________ à 0,50 €, s'il vous plaît.
2. Je voudrais ______________ cette lettre recommandée, s'il vous plaît.
3. Je voudrais envoyer ce ______________ au Japon, s'il vous plaît.
4. Je dois ______________ un timbre.
5. J'ai reçu une lettre ______________.

2 **Choisissez la bonne réponse.**

1. Où se trouve la boîte aux ______________ ?	*lettres*	*poste*
2. ______________ distribue le courrier.	*La facture*	*Le facteur*
3. On écrit ______________ du destinataire sur l'enveloppe.	*l'origine*	*l'adresse*
4. On peut envoyer un paquet ______________.	*recommandé*	*posté*
5. On doit coller un ______________ sur l'enveloppe.	*tampon*	*timbre*

3 **Corrigez les erreurs dans les légendes de ces dessins.**

a. Ils balaient la rue.

b. Elle va à la préfecture de police.

c. Le facteur poste le courrier.

d. Les éboueurs sont au travail.

• **Le SAMU** (numéro de téléphone : 15) . C'est le **S**ervice d'**a**ssistance **m**édicale d'**u**rgence qu'on appelle pour toute urgence médicale. **Une ambulance** arrive avec un médecin, des infirmiers et du matériel médical. Ils donnent les premiers soins et **transportent** les patients **à l'hôpital**.

• **Le commissariat de police** et **la gendarmerie** (numéro de téléphone : 17) gèrent la sécurité et la lutte contre **la criminalité**. En cas d'urgence, on doit **prévenir / alerter / avertir** la police. **Les policiers** font parfois **des contrôles d'identité** et vérifient que les personnes sont **en règle** (= que **leurs papiers** sont en règle).

L'ADMINISTRATION

• L'administration française est considérée par **les usagers** comme **performante** ou au contraire **lourde et lente**. On critique alors **les fonctionnaires** (= les employés de l'État) et on parle de **la lenteur** et de **la pesanteur administratives**. En général, on **s'adresse à** une administration pour :

– **s'inscrire** : **à** la Sécurité sociale, **sur** les listes électorales… ;
– **se renseigner** (**auprès d**'un organisme) = demander des informations : par exemple savoir si l'on peut **bénéficier de** telle ou telle **allocation** (= somme d'argent donnée par l'État) ;
– **obtenir** un document (par exemple **une carte de séjour** à la préfecture de police…), **une attestation** (= **un certificat** qui prouve quelque chose), **faire renouveler** un document **périmé**.

• Quand on **fait des démarches** pour obtenir **un papier**, il faut généralement **remplir des formulaires / imprimés / papiers**, **fournir des pièces justificatives** : par exemple **une quittance d'électricité** (= une facture) constitue **un justificatif de domicile** (= la preuve qu'on habite à cette adresse). Souvent, **les formalités** sont compliquées. Les usagers **font la queue** puis **se présentent au guichet**. En général, chaque usager a **un dossier** qu'il doit **ouvrir**, **modifier**, **transférer** ou **fermer**, selon le cas.

EXERCICES

1 Choisissez la bonne réponse.

1. Pour se marier, on va... | à la poste | à la mairie | les deux |.
2. On peut acheter des timbres... | au commissariat | à la poste | les deux |.
3. On déclare un vol... | aux pompiers | au commissariat | ni l'un, ni l'autre |.
4. En cas d'accident, on prévient... | les pompiers | la police | les deux |.
5. Pour envoyer un colis, on va... | à la poste | au commissariat | à la mairie |.

2 Choisissez les termes possibles.

1. On demande... *un renseignement / la queue / une attestation / le guichet / un formulaire.*
2. On remplit... *un employé / un renseignement / un imprimé / un formulaire.*
3. On fait... *un dossier / la queue / un renseignement / l'administration / des démarches.*
4. On fournit... *des renseignements / des employés / des usagers / des documents.*
5. On critique... *le guichet / la lenteur / le dossier / l'administration.*
6. On assure... *l'entretien des rues / la distribution du courrier / les justificatifs / les fonctionnaires.*
7. On obtient... *une attestation / les usagers / les formalités / un document / la police.*

3 Remettez en ordre le dialogue suivant.

☐ **a.** – Je vous dois combien ?
☐ **b.** – Oui, mademoiselle. Vous habitez dans le quartier ?
☐ **c.** – Bonjour, madame, je voudrais m'inscrire à la bibliothèque, s'il vous plaît.
☐ **d.** – Rien du tout, mademoiselle, c'est gratuit. Toutes les bibliothèques municipales sont gratuites.
☐ **e.** – Très bien, je vais vous faire une carte de bibliothèque.
☐ **f.** – Oui, voici ma quittance de loyer.

4 Associez (plusieurs solutions sont possibles).

1. remplir	**a.** un justificatif
2. s'adresser	**b.** une carte de séjour
3. faire la queue	**c.** un formulaire
4. se renseigner	**d.** les pompiers
5. avertir	**e.** à une administration
6. appeler	**f.** un passeport
7. délivrer	**g.** à un guichet
8. entretenir	**h.** la police
9. fournir	**i.** les rues
10. faire renouveler	**j.** auprès d'un employé

17

L'ENSEIGNEMENT SUPÉRIEUR ET LA RECHERCHE

LES ÉTUDES UNIVERSITAIRES

• **L'université** est divisée en **facultés** (**facs***) : des lettres, des sciences, de pharmacie, de médecine et de droit. Il existe également des écoles spécialisées, telles que l'École des beaux-arts (« les Beaux-Arts »), des écoles d'ingénieurs, de gestion, d'infirmières…

• **L'étudiant** qui veut **faire des études supérieures** (après le bac) **entre à** l'université et **s'inscrit à la fac** ; il paye **ses frais / droits d'inscription** (peu élevés en France) et obtient donc **sa carte d'étudiant**. Quand un élève ne peut pas payer **ses frais de scolarité**, il peut obtenir **une bourse** (= une somme d'argent), il est alors **boursier**.

• Les étudiants sont logés dans **des chambres d'étudiants**, dans **une cité universitaire** (**cité-U***), et prennent leurs repas au **restaurant universitaire** (**restau-U***). Ils travaillent à **la bibliothèque universitaire** (**B-U***) où ils peuvent **emprunter** des livres à domicile ou les **consulter sur place**.

• L'étudiant **va** = **est** à la fac. S'il n'**abandonne** pas ses études, il **suit des cours** et **des travaux dirigés** (**TD***), qui ont lieu dans **des amphithéâtres** (**amphis***) ou dans **des salles** de cours. Pendant **l'année universitaire**, il doit **remettre des dossiers** (= des petits **mémoires**), **passer des partiels** (= **des examens** qui ont lieu deux fois par an). L'étudiant **est convoqué à l'examen**, et **l'examinateur** donne **les sujets d'examen**. Si **le candidat réussit** / **a*** (≠ **rate**) son examen, il obtient **un diplôme**.
En quatrième année de fac, l'étudiant écrit **un mémoire de maîtrise**.

• Pour devenir professeur, on doit **passer des concours d'enseignement** : **le CAPES**, qui permet aux « **capésiens** » d'enseigner dans les collèges et les lycées, et **l'agrégation**, plus difficile, qui permet aux « **agrégés** » d'enseigner dans les lycées et les universités.

Remarque : Le mot « **étudiant** », sans autre précision, signifie un étudiant qui fait des études supérieures (= c'est-à-dire après le bac). Autrement, on parle d'« élève ».

EXERCICES

1 Devinez de quoi on parle.

1. C'est là que les étudiants empruntent les livres. ____________________
2. C'est la preuve qu'on est étudiant. ____________________
3. C'est ce qu'on reçoit quand on n'a pas assez d'argent pour faire des études. ____________________
4. C'est ce qu'on doit passer plusieurs fois dans l'année. ____________________
5. C'est ce qu'on paye pour s'inscrire à la fac. ____________________
6. C'est ce qu'on passe quand on veut devenir professeur de collège. ____________________
7. Celle de médecine est très réputée. ____________________
8. C'est là que les étudiants mangent. ____________________

2 Choisissez la bonne réponse.

1. Les étudiants | mettent | remettent | des dossiers à leurs professeurs.
2. Christine est en train d'écrire | sa mémoire | son mémoire |.
3. Delphine | va | abandonne | à la fac.
4. Il est | agrégé | agréable |, il est prof à la fac.
5. Jean est | convoqué | est passé | à l'examen.
6. Elle donne un cours dans | un théâtre | un amphithéâtre |.
7. Fabrice | fait | passe | des études supérieures.
8. Gilbert va passer ses | parties | partiels |.

3 Complétez avec les mots manquants.

carte – cité-U – inscrite – année – amphis – examens – restau-U – sujets – agrégée – fac – salles – B-U

Cher Fabrice,
Ça y est, je suis ____________ à la ____________ des lettres. J'ai maintenant ma ____________ d'étudiant. J'ai repéré les ____________ de cours et les ____________ : cette fac est énorme, je vais faire des kilomètres pour aller d'un cours à l'autre !
Je me suis installée dans ma chambre à la ____________ : elle est très petite, mais l'atmosphère est sympa. On va manger ensemble au ____________. Cet après-midi, je dois aller à la ____________ pour prendre quelques livres. Tout cela est très agréable. Par contre, je connais déjà la date des premiers ____________, ça, c'est moins drôle ! J'espère que les ____________ ne seront pas trop durs… Tu imagines que mes parents me voient déjà ____________, alors que je n'ai pas encore commencé ma première ____________ ! Je te laisse, et je t'embrasse fort !
Delphine

LA THÈSE

• Anne **prépare un doctorat**: elle a déjà écrit son **mémoire de DEA** et commence **une thèse sur** le cinéma italien: son **sujet de thèse** est le cinéma italien. Elle **est inscrite en thèse**. Sa thèse **est dirigée par** François Venon, qui est **son directeur** = **son patron*** de thèse. Anne participe à **des séminaires de recherche**, et **présente / expose ses travaux**: elle **fait un topo*** (= **un exposé**) sur sa thèse.

• Enfin, Anne va **soutenir** sa thèse : **la soutenance de thèse** aura lieu le 21 juin, à Paris, devant **un jury** qui questionnera **la candidate**. Comme la thèse d'Anne est excellente, le jury lui **décernera la** meilleure **mention**, « **très honorable, avec félicitations du jury à l'unanimité** ». « Anne **a eu sa thèse** avec mention très honorable ! » diront ses amis.

• Un étudiant qui **a passé sa thèse** peut devenir **un universitaire** ; il enseigne alors en fac et **fait de la recherche** : c'est **un chercheur**.

LES « GRANDES ÉCOLES »

• **L'ENA** (École nationale d'administration, **forme** les cadres du gouvernement) ; **Sciences po***[litiques] ; **ENS** (École normale supérieure = **Normale sup***, prépare les enseignants de l'Éducation nationale) ; [École] **Polytechnique**, [Écoles des] **Mines**, [Écoles des] **Ponts et Chaussées** (forment des ingénieurs de haut niveau) ; **HEC** (Hautes Études commerciales)...

• Claude **a fait*** Polytechnique = Il **sort de** Polytechnique = C'est **un polytechnicien**.
Lionel est **un énarque** (= il a fait l'ENA).

• Pour **entrer dans** une grande école, il faut **passer un concours d'entrée**. Les élèves qui veulent le **préparer** suivent deux ans d'études : ils **sont en classes préparatoires** (**en prépa***). Enfin, les élèves passent le concours, qui est constitué d'**un écrit** et d'**un oral**. S'ils **sont reçus au concours**, ils **sont admis à** l'école. Au contraire, s'ils **sont recalés** (= s'ils **sont collés***), ils doivent repasser le concours l'année suivante.

• Ces concours exigent un énorme travail : les élèves **révisent les sujets au programme**, **bossent*** = **bûchent*** (= étudient beaucoup) et, enfin, le jour de l'examen, **planchent*** (= travaillent sur un sujet imposé).

EXERCICES

1 **Identifiez 12 mots en relation avec l'enseignement supérieur (5 horizontalement, 4 verticalement et 3 en biais).**

B	L	A	B	O	S	S	E	R	E	P
O	P	R	J	F	D	A	N	P	C	R
U	S	A	N	F	A	T	A	J	O	F
R	O	L	R	E	L	C	P	U	N	M
S	S	O	U	T	E	N	I	R	C	Q
E	O	R	A	V	I	T	T	Y	O	U
V	A	G	R	E	G	E	H	O	U	C
O	X	F	R	E	C	A	L	E	R	L
H	E	C	I	M	U	S	S	L	S	Q
P	U	G	L	E	E	R	A	D	W	E

2 **Vrai ou faux ?**

	VRAI	FAUX
1. Elle a eu sa thèse = elle a passé sa thèse.	❑	❑
2. Le directeur de thèse soutient la thèse.	❑	❑
3. Il a une bourse = il fait de la recherche.	❑	❑
4. Elle est recalée = elle est reçue.	❑	❑
5. Il est énarque = il a fait une grande école.	❑	❑
6. Elle prépare un doctorat = elle est étudiante en médecine.	❑	❑
7. La soutenance est un concours.	❑	❑
8. Il bosse énormément = il travaille beaucoup.	❑	❑

3 **Remettez les expressions en italique dans le bon ordre.**

Benoît fait *un sujet* d'allemand. ______________________ a.
Il est *chercheur* en fac des lettres ______________________ b.
et prépare *l'agrégation* de maîtrise ______________________ c.
qu'il doit remettre à la fin de l'année *des études*. ______________________ d.
L'année prochaine, il va commencer son DEA,
qui est la première année *universitaire*. ______________________ e.
Il doit choisir *de thèse* ______________________ f.
et un directeur *du doctorat*. Benoît ne sait pas encore ______________________ g.
s'il veut devenir *inscrit* ou professeur. ______________________ h.
Dans ce dernier cas, il faudra qu'il passe *son mémoire*. ______________________ i.

18 LE MONDE DE L'ENTREPRISE

AU BUREAU

- La secrétaire **range** les dossiers (= met en ordre), **prend des notes** sur un bloc-notes, **rédige** des lettres (= écrit), **tape** des documents sur l'ordinateur, les **imprime** sur **l'imprimante** et **envoie** du courrier par la poste ou **une télécopie** (= **un fax**). Elle **trie** les vieux documents (= elle distingue ceux qu'elle garde et ceux qu'elle jette), **classe** les papiers dans des chemises, va à **la photocopieuse** pour **photocopier** des documents (**faire une photocopie**), puis les **attache** ensemble par des trombones, prépare des dossiers, **note les rendez-vous sur l'agenda** de son patron, **prend des messages** sur une feuille de papier, **affiche une note de service** sur **le tableau d'affichage**.

- Frank, **un collègue** de son chef, n'arrive pas à le **joindre sur son téléphone mobile**, et comme **le courrier électronique** (= **e-mail**) est en panne, il va tout simplement lui **laisser un mot** sur son bureau. C'est urgent, car Frank voudrait modifier **l'ordre du jour** (= les sujets traités) de **la** prochaine **réunion**.

Remarque : Le « bureau » désigne : le lieu de travail (« J'arrive **au** bureau à 9 h »), la pièce où l'on travaille (« Je suis **dans** mon bureau ») et la table qui s'y trouve (« Le dossier est **sur** mon bureau »). Attention à l'usage des prépositions !

EXERCICES

1 **Éliminez l'intrus.**

1. classeur / chemise / ciseaux / dossier
2. trombone / scotch / agrafe / casier
3. classer / joindre / trier / ranger
4. bloc-notes / note / mot / message
5. rendez-vous / réunion / photocopieuse / ordre du jour
6. photocopie / télécopie / agenda / courrier électronique
7. placard / agrafeuse / tiroir / casier

2 **Complétez.**

1. – Qu'est-ce que tu as fait du dossier ?
   – Je l'ai ____________ dans le placard qui est ____________ mon bureau.
2. Envoyez un ____________ à Vincent, il le trouvera quand il allumera son ordinateur.
3. Passe-moi ____________ , je voudrais vérifier l'heure de la réunion.
4. – Où est l'agrafeuse ?
   – Tu l'as laissée ____________ le bureau de Brigitte.
5. J'ai une pile de papiers à ____________. Je vais certainement en jeter la moitié.
6. Je n'arrive pas à ____________ Michel, son téléphone ne répond pas.
7. Je vais ____________ un mot à Christian sur la table.

3 **Complétez le tableau suivant (plusieurs réponses sont parfois possibles).**

Verbes de la même famille	Noms de la même famille
classer	____________
____________	le tri
____________	la rédaction
agrafer	____________
____________	le rangement
noter	____________
____________	l'envoi
afficher	____________
photocopier	____________

LA CARRIÈRE ET L'EMPLOI

• Thierry **a fait** toute **sa carrière** dans la société Nirtec. Il **a** d'abord **occupé un poste d'**ingénieur commercial, mais il est vite devenu **chef de service** avant d'**obtenir une promotion** plus brillante. Il est maintenant **directeur des ventes** et **gère une équipe de** 25 personnes. Il **gagne bien sa vie**, mais il **a un travail fou**, il est toujours **stressé**. En ce moment, il **est en congé de maladie** pour cause de **surmenage** (= il a eu des problèmes de santé parce qu'il travaille trop).

• Agnès est **au chômage** depuis 6 mois, car **la PME** (= petite et moyenne entreprise) qui l'employait **a fait faillite** (= a dû arrêter son activité). Parfois, Agnès **fait de l'intérim** (= elle remplace des employés absents ou **en congé de maternité**) ; en ce moment, elle est **intérimaire** dans une agence de publicité mais elle espère être **engagée / embauchée à plein-temps** à la fin de l'année. La société l'**inscrira** alors à **un stage de formation** en informatique pour qu'elle apprenne à se servir de l'ordinateur de l'agence.

• **La grande entreprise** où Léo était **responsable de** la communication a **supprimé** 50 **emplois** et il **a été licencié**. Il **a envoyé des candidatures spontanées** à de nombreuses entreprises, mais sans résultat. Finalement, il **a répondu à une offre d'emploi** et **a posé sa candidature à** un poste de directeur de la communication. Après **les entretiens d'embauche**, la société Nirtec a proposé **au candidat un contrat de travail à durée indéterminée** (CDI). **Son salaire** n'est pas très élevé, mais la société lui **versera une prime** annuelle et lui **remboursera** tous **ses frais de déplacement**.

• *Dialogue sur un ton familier*
– Tu cherches **un boulot** ?
– Eh bien oui, mon chef **a été viré**, **la boîte a coulé** et j'ai perdu **mon job**.

– J'ai peut-être **un tuyau** pour toi.
Il te faut du **piston** !
Le DRH de Nirtec **cherche un commercial** ; mais je te préviens, ils **bossent comme des fous** dans **cette boîte**.

• *Le même dialogue, ton professionnel*
– Tu es **en recherche d'emploi** ?
– Oui, mon chef a été licencié, la société a fait faillite et j'ai perdu mon emploi.
– J'ai peut-être une information utile.
Il te faut **une recommandation** personnelle.
Le **d**irecteur des **R**essources **h**umaines de Nirtec recherche un attaché commercial ; mais je te préviens, ce sera dur, ils travaillent énormément dans cette entreprise…

EXERCICES

1 Choisissez la bonne réponse.

1. Il fait de | l'intérimaire | l'intérim | dans une entreprise de peinture.
2. Elle | s'occupe | occupe | un poste d'attachée de presse.
3. Elle est en | congé | stage | de maladie.
4. La société | a fait | est allée | faillite.
5. La société Nirtec a reçu beaucoup de | candidats | candidatures | par courrier.
6. Elle est | un | en | congé de maternité.
7. | Le DRH | Le CDI | reçoit des candidats.

2 Associez les synonymes et identifiez les mots familiers.

1. couler
2. engager
3. virer
4. un emploi
5. travailler
6. une entreprise

a. licencier
b. un boulot
c. faire faillite
d. une boîte
e. embaucher
f. bosser

3 Dans quelle situation se trouvent les personnes suivantes ?

Exemple : « C'est mon entreprise qui paye mes cours de gestion. »
→ Il est en stage de formation.

1. « Je suis enfin devenue assistante de direction. Ça faisait deux ans que je l'attendais ! »
→ ______________________
2. « Je remplace la standardiste qui est en congé de longue maladie. »
→ ______________________
3. « Je suis sans emploi actuellement. »
→ ______________________
4. « J'ai mille choses à faire avant ce soir, je n'ai pas encore déjeuné et le téléphone n'arrête pas de sonner ! Je ne vais jamais y arriver ! »
→ ______________________
5. « Un groupe de six personnes travaille pour moi, dans le même service. »
→ ______________________
6. « J'ai eu un rendez-vous avec la directrice des Ressources humaines, et je crois qu'elle va me proposer le poste. »
→ ______________________

LE RECRUTEMENT ET LE PROFIL DU CANDIDAT

Un groupe international, spécialisé dans l'électronique, recherche :

Premier poste proposé

UN(E) ATTACHÉ(E) COMMERCIAL(E)	
Vous **serez chargé** de développer la clientèle	= vous serez responsable
actuelle, et de **prospecter** de nouveaux	= rechercher et explorer
marchés. **Doué d'un réel sens commercial,**	= grâce à une aptitude au commerce
vous saurez **convaincre vos interlocuteurs.**	= persuader vos partenaires professionnels
Rigoureux, organisé, dynamique, vous êtes	
prêt à **vous investir** dans un environnement	= mettre toute votre énergie
en constante évolution. Parfaite **maîtrise** de	= parfaite connaissance
l'anglais **exigée.** Bonnes connaissances de	= absolument indispensable
l'électronique **souhaitées.** Des compétences	= préférables
en informatique constitueraient un **atout.**	= une qualité supplémentaire et appréciée
Rémunération motivante.	= salaire
Merci d'adresser lettre manuscrite, **CV** et	= curriculum vitae
prétentions à...	= salaire souhaité

Second poste proposé

UN ADJOINT AU DIRECTEUR DES RESSOURCES HUMAINES	
En étroite **collaboration** avec le DRH, vous	= travail
aurez pour mission d'intervenir auprès des	= serez chargé de communiquer avec
cadres pour évaluer leur potentiel, **établir**	= rédiger
des propositions d'**évolution professionnelle,**	= carrière
mettre en œuvre des méthodes de gestion de	= appliquer
carrière et **élaborer** des plans de formation.	= concevoir
Titulaire d'un diplôme en gestion des RH,	= vous êtes diplômé
vous avez au moins 5 ans d'expérience.	
Doté d'un réel sens de la négociation,	= doué de
vous serez **apte à traiter des dossiers délicats.**	= capable de gérer des cas difficiles

Remarque : Les cadres d'une entreprise sont les employés occupant des postes à responsabilité et à salaire élevé. On distingue **les cadres moyens** et **les cadres supérieurs.**

EXERCICES

1 **Quelles phrases pourraient correspondre aux postes décrits page ci-contre ?**

Au premier poste	Au second poste	Aux deux postes

a. « Les situations difficiles ne me font pas peur. »
b. « J'ai passé 3 ans en Angleterre. »
c. « J'ai une maîtrise de gestion. »
d. « J'aime travailler dans un contexte compétitif. »
e. « Je connais trois logiciels. »
f. « J'ai plutôt l'esprit d'analyse. »
g. « J'ai travaillé dans le service de la formation continue. »
h. « Je n'aime pas la routine. »
i. « Ce sont les aspects humains du métier qui m'intéressent. »
j. « De ce genre de métier, je pense qu'il faut avoir de la diplomatie. »

2 **Complétez avec un verbe adéquat (plusieurs solutions sont parfois possibles).**

1. Nous ____________________ un collaborateur.
2. Je ____________________ un emploi.
3. Il ____________________ congé de maladie.
4. Elle ____________________ de la clientèle.
5. Il ____________________ un dossier.
6. Elle ____________________ une promotion.
7. Je ____________________ un document.
8. Vous ____________________ une équipe.

3 **Dans chaque groupe de mots, identifiez celui qui ne désigne pas une personne.**

1. chômage chômeur
2. DRH CDI
3. imprimeur imprimante
4. candidature candidat
5. intérimaire intérim
6. entreprise entrepreneur
7. vendeur vente
8. collaborateur collaboration

4 **Choisissez la meilleure explication.**

1. Je vais joindre Anne.
  a. Je vais déjeuner avec Anne.
  b. Je vais contacter Anne.
  c. Je vais travailler avec Anne.

2. Il a été licencié par son entreprise.
  a. Il a eu un diplôme.
  b. Il a suivi un stage de formation.
  c. Il a perdu son emploi.

3. Sa rémunération est élevée.
  a. Elle a un bon salaire.
  b. Elle a de hautes responsabilités.
  c. Elle a un grand bureau.

4. Il a été embauché le mois dernier.
  a. Il a été engagé.
  b. Il a été licencié.
  c. Il a eu un entretien d'embauche.

19 L'ÉCONOMIE ET LE COMMERCE

LE SYSTÈME ÉCONOMIQUE

• La France pratique **l'économie de marché**, **la libre entreprise**. Les entreprises du **secteur privé** suivent **la loi de l'offre et de la demande**.

• La France a aussi **un secteur public** développé. **Les entreprises publiques** reçoivent **des subventions** (aides financières de l'État) = l'État **subventionne** ces entreprises.

• Selon les gouvernements et **la conjoncture** (= la situation) **économique**, on **nationalise** une entreprise privée (**la nationalisation**), ou, au contraire, on **privatise** les entreprises publiques (on effectue **une privatisation**).

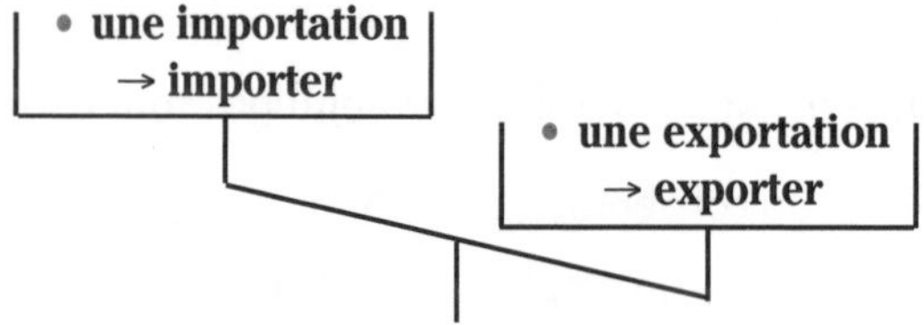

Ici, **la balance commerciale** est **excédentaire** (≠ **déficitaire**) = il y a **un excédent commercial** (≠ il y a **un déficit commercial**).

• Le **p**roduit **i**ntérieur **b**rut (PIB) est inclus dans le **p**roduit **n**ational **b**rut (PNB) : c'est la valeur financière de tout ce qui est produit par le pays.

• **Le niveau de vie** de la population peut être **élevé** ou au contraire **bas**, selon **la qualité de vie**, le confort matériel, **le pouvoir d'achat**, **la protection sociale** dont les habitants disposent. Le niveau de vie augmente avec **le taux de croissance**.

LA BOURSE ET LE MARCHÉ DES CHANGES

• **Un actionnaire a / détient des actions** d'une société **cotée en Bourse**. L'action d'une société peut **prendre** (≠ **perdre**) de **la valeur**. « Les valeurs françaises sont en hausse de 1,2 % » ≠ « Les valeurs sont en baisse de 0,8 % ». « Le marché est stable. »

• Quel est **le cours / le taux de change** du dollar ? (= Le dollar est à combien ?) **Il s'échange à** 1,14 **euro** sur **le marché des changes**.

EXERCICES

1 Choisissez la bonne réponse.

1. La balance commerciale est | déficitaire | actionnaire | .
2. L'action | fait | prend | de la valeur.
3. Le dollar | échange | s'échange | à 1,14 euro.
4. Quel est leur | pouvoir | puissance | d'achat ?
5. La | conjoncture | crise | économique est favorable.
6. Quel est le | niveau | cours | de l'euro ?
7. Cette entreprise reçoit des | subventions | actions | de l'État.

2 Identifiez et corrigez les erreurs.

1. La société a été naturalisée. ______
2. Des entreprises publiques ont été privées le mois dernier. ______
3. Le niveau d'achat a augmenté. ______
4. Le déficit commercial est excédentaire. ______
5. Le RIB fait partie du PNB. ______
6. L'État supporte les entreprises publiques. ______
7. Quel est le cours du yen sur le marché des échanges ? ______

3 Devinez de quoi on parle.

1. Elle est déficitaire dans ce pays. ______
2. Il est stable, aujourd'hui. ______
3. Elle reçoit des subventions de l'État. ______
4. Il est assez élevé en France. ______
5. Elle a pris de la valeur sur le marché. ______
6. Les entreprises privées doivent la suivre. ______

4 Associez pour constituer une phrase complète.

1. Les actions ont perdu de la valeur,
2. Le pouvoir d'achat a baissé
3. Cette entreprise a des actionnaires,
4. On a décidé de privatiser
5. Il annonce le cours du mark
6. Cette entreprise réclame

a. sur le marché des changes.
b. des subventions de l'État.
c. et le niveau de vie aussi.
d. les valeurs sont donc en baisse.
e. elle est donc cotée en Bourse.
f. une entreprise publique.

COMMENTER UN GRAPHIQUE OU DES CHIFFRES

augmenter, croître	≠ diminuer, réduire, baisser
→ une augmentation, un accroissement	→ une diminution, une réduction
la hausse, être en hausse	≠ une baisse, être en baisse
la croissance	≠ la récession
l'essor économique, être en plein essor	≠ le marasme
relancer → la relance, le redressement, la reprise économique	≠ la crise économique
avancer → l'avancée	≠ reculer → le recul
la [forte] progression des ventes	≠ la [nette] régression
les ventes ont fortement progressé	≠ les ventes ont nettement régressé
monter	≠ descendre
grimper → l'escalade	≠ tomber, chuter → une chute
accélérer → une accélération	≠ ralentir → un ralentissement
une courbe régulière	≠ une courbe en dents de scie

COMMENTER UN PRIX

un prix raisonnable, abordable	≠ un prix inabordable, prohibitif
un prix intéressant, modéré	≠ un prix élevé, excessif, exorbitant
un prix défiant toute concurrence	≠ « c'est hors de prix »
« c'est donné » = ça ne revient pas cher	≠ « ce n'est pas donné » = ça revient cher
« ça ne coûte rien » = « ça coûte trois fois rien »	≠ « ça coûte une fortune » = « ça coûte les yeux de la tête* »

Remarque : Les Français évitent souvent de déclarer publiquement : « c'est cher », « c'est trop cher ». Ils préfèrent en général les expressions ci-dessus.
On peut également commenter un prix exagéré ou abusif par des formules telles que : « c'est du vol », « c'est de l'escroquerie » (*cf.* page 136).

EXERCICES

1 Éliminez l'intrus.

1. monter / grimper / chuter / augmenter
2. réduire / croître / baisser / diminuer
3. marasme / essor / relance / redressement
4. hausse / avancée / escalade / recul
5. régression / récession / reprise / réduction
6. prix / valeur / action / Bourse
7. tomber / ralentir / chuter / descendre

2 Dites le contraire des mots et expressions en italique.

1. Les prix *ont augmenté*.

____

2. Les valeurs françaises *ont grimpé*.

____

3. Le chômage est *en hausse*.

____

4. C'est un prix *élevé*.

____

5. On observe *un accroissement* sensible des achats d'ordinateurs.

____

6. La production de téléphones mobiles *a fortement progressé*.

____

7. *Ça coûte les yeux de la tête*.

____

3 Vrai ou faux ?

	VRAI	FAUX
1. Les prix ont grimpé = ils ont monté.	❑	❑
2. Ce secteur est en plein essor = c'est la régression.	❑	❑
3. La production a brusquement chuté = il y a un ralentissement de la production.	❑	❑
4. Le chiffre d'affaires a augmenté = il y a un accroissement du chiffre d'affaires.	❑	❑
5. Ce prix est exorbitant = il défie toute concurrence.	❑	❑
6. Ce prix est abordable = il est intéressant.	❑	❑
7. Il a des actions = il est coté en Bourse.	❑	❑
8. On observe un redressement de l'économie = il y a une reprise économique.	❑	❑

LES AFFAIRES

• **Une entreprise** = **une firme** est en général **une société** qui a **un siège social** (= domicile officiel de l'entreprise). **Un groupe** (d'entreprises), **une** [entreprise] **multinationale** ont souvent plusieurs **succursales** ou **filiales.**

• Gérard est **dans les affaires**, c'est **un chef d'entreprise.** Il **a / dirige une affaire** d'informatique : il **gère une PME** (= petite et moyenne entreprise) de 30 personnes. Comme il **a l'esprit d'entreprise**, il va **monter / créer** une autre entreprise : il a trouvé **un** bon **créneau commercial** et il **s'est** bien **implanté sur le marché**. Cette année, il **a lancé** un nouveau produit **sur** le marché. Grâce au **lancement** de ce produit, **ses affaires marchent bien**. Gérard est **un homme d'affaires**, qui **a le sens des affaires.**

• Yves est **un concurrent** de Gérard : les produits **commercialisés** par Yves **concurrencent** ceux de Gérard. **Le consommateur / le client / la clientèle** (= l'ensemble des clients) choisira le produit le plus **compétitif**. Un jour peut-être, une des deux entreprises **rachètera** l'autre (**un rachat**) ou elles **fusionneront** (**une fusion**).

• Une entreprise cherche à **réaliser** = **faire des bénéfices** (≠ **une perte**). On effectue chaque année **un bilan financier**, qui permet de déterminer **le chiffre d'affaires (le CA)**, de vérifier s'il y a un équilibre positif entre **l'actif** et **le passif**, c'est-à-dire entre **les rentrées** (= **les revenus**) et **les sorties** (= **les dépenses / les frais**). Si une entreprise est gravement **déficitaire**, elle doit **déposer son bilan**, c'est-à-dire officiellement reconnaître qu'elle ne peut plus fonctionner. Elle risque de **faire faillite.**

Remarque : Le terme « faillite » signifie aussi « échec » (≠ la réussite) : la faillite d'un projet, d'une idée…

QUELQUES EXPRESSIONS IMAGÉES

• *Ça n'a pas de prix* = C'est très précieux, ça a la plus grande valeur.
→ *« La santé de mes enfants, ça n'a pas de prix ! »*
• *à aucun prix* = jamais
→ *« Il ne quittera à aucun prix sa ville natale. »*
• *à tout prix* = impérativement, quel que soit le prix à payer
→ *« Il faut finir ce projet demain soir, à tout prix ! »*

EXERCICES

1 **Complétez par les mots suivants.**

implanté – succursales – faillite – chiffre d'affaires – bilan – réalisé – multinationale – entreprise – fusion – déficitaire – concurrents

1. Cette ____________ a ____________ des bénéfices importants. Son ____________ s'élève à 100 millions de francs.
2. Ces deux sociétés vendent le même produit, mais l'un des deux ____________ est mieux ____________ sur le marché.
3. Cette entreprise ____________ a plusieurs ____________ en France.
4. On a annoncé la ____________ de ces deux grandes entreprises.
5. Le __________ financier a été effectué à la fin de l'année. Cette entreprise est ____________ et risque de faire ____________ .

2 **Quel commentaire peut-on faire à propos de ces situations ? Inspirez-vous de la page ci-contre.**

1. Véronique sait bien vendre, bien gérer une société.
   Elle a ____
2. Ce projet n'a pas du tout marché.
   Tout le monde regrette ____________________________________
3. Jamais il n'acceptera ce travail ! Jamais !
   Il ____
4. Elle a décidé de monter une nouvelle entreprise.
   Elle a ____
5. « Pour moi, la liberté d'action et de décision est essentielle, fondamentale. »
   ____
6. « Nous devons impérativement partir ce soir, nous n'avons pas le choix. »
   ____

3 **Éliminez l'intrus.**

1. actionnaire / consommateur / client
2. créneau / excédent / déficit
3. subvention / nationalisation / accélération
4. Bourse / firme / groupe
5. sortie / dépense / bénéfice
6. gérer / grimper / diriger
7. fusion / action / rachat

20 LES SCIENCES ET LES TECHNOLOGIES

LA RECHERCHE SCIENTIFIQUE

• **Un scientifique fait de la recherche**, il est **chercheur** ; il travaille dans **un laboratoire** (**labo***) ou **un centre de recherche**. Il **fait / conduit des expériences scientifiques**, qui lui permettront de **découvrir** quelque chose d'important, de **faire une découverte** qui sera peut-être **capitale**.

• Cette découverte sera ensuite **expérimentée** (= **testée**) ; « ce médicament est encore **au stade expérimental** » (= de **l'essai**). Si **l'expérimentation** est **concluante** (= positive), ce sera **une révolution**, le médicament **révolutionnera** la science.

• **Le progrès technique fait un bond en avant**, on **progresse** énormément (≠ **régresser**, **une régression**).

• On **a conçu** un nouvel outil. **La conception** de cet outil constitue **une innovation** ; son fabricant est **innovateur**, il **a innové** (= fait quelque chose de nouveau). **Cet inventeur a réalisé un exploit**, **une prouesse technique**. Son **invention** est une grande réussite.

LA HAUTE TECHNOLOGIE

• Dans beaucoup de secteurs, on **modernise les équipements**, on **rattrape / comble le retard technologique**. Les bureaux sont **équipés d**'ordinateurs **performants** « **à la pointe du progrès** ». Les technologies **de pointe** constituent un secteur **en plein essor** (= en plein développement). Tout le monde voudrait **accéder** = **avoir accès au réseau de** l'Internet, par exemple. Cet **outil**, **ce moyen de communication** doit être **à la portée de** tous, **accessible à** tous.

• La première qualité d'**un appareil** est **la fiabilité**, il doit être **fiable** (≠ il **tombe** souvent **en panne**). **L'utilisateur** voudrait un appareil **en état de marche**, **opérationnel** et bien **réglé** (= **mis au point** pour fonctionner) ; **le réglage** (= **la mise au point**) de l'appareil est important.

• On critique parfois **la robotisation** excessive (= remplacement des hommes par les machines), car presque tous les services sont **robotisés**.

EXERCICES

1 Choisissez la bonne réponse.

1. Est-ce que tu as | accès | accéder | à l'Internet ?
2. Cette opération est une vraie | prouesse | exploit | technique.
3. Cet appareil est à la | portée | pointe | du progrès.
4. Elle travaille dans un centre de | chercheur | recherche |.
5. Mon ordinateur tombe souvent | en panne | en état de marche |.
6. Cette grande découverte est une vraie | expérimentation | révolution |.

2 Associez pour constituer une phrase complète.

1. Ce chercheur conduit
2. L'ordinateur est maintenant
3. La science a fait
4. Cette découverte va être
5. J'apprécie beaucoup
6. Mon ami a eu du mal à
7. Ce scientifique a réalisé

a. un bond en avant.
b. une prouesse technique.
c. la fiabilité de cet appareil.
d. une expérience scientifique délicate.
e. expérimentée très bientôt.
f. accessible à la plupart des gens.
g. régler son nouvel appareil.

3 Trouvez un synonyme des expressions en italique.

1. Cette découverte est *très importante*. ______________________
2. Dans ce domaine, *on ne progresse pas du tout, au contraire*. ______________________
3. Cet appareil *ne tombe jamais en panne*. ______________________
4. Il faut *rattraper* le retard. ______________________
5. Ce programme est *facilement accessible aux* enfants. ______________________
6. *La mise au point* de cet appareil est difficile. ______________________
7. Cette machine est *une nouveauté*. ______________________

4 Éliminez l'intrus.

1. découverte / innovation / expérimentation
2. utiliser / régler / mettre au point
3. exploit / prouesse / essor
4. performant / concluant / fiable
5. combler / accéder / rattraper
6. inventeur / utilisateur / chercheur

L'INFORMATIQUE

• **Un informaticien** travaille dans **l'informatique** (= tout ce qui concerne les ordinateurs). On **informatise** par exemple un bureau ; on encourage **l'informatisation** des bureaux. **Le programmeur fait de la programmation** = **il établit des programmes** informatiques.

• **L'outil informatique** permet d'**introduire**, de **saisir**, de **stocker des infos*** ; **l'introduction**, **la saisie**, **le stockage** permettent d'établir par exemple **une base de données**. On peut aussi **se brancher sur** un réseau ou consulter **une banque de données**.

• **L'unité centrale** contient ce qui fait fonctionner l'ordinateur (**le système**, **la mémoire**) et **le périphérique** constitue le complément de l'ordinateur (**une imprimante**, **une disquette**, **un scanner**, **un CD-Rom**...). Si les ordinateurs sont **compatibles**, s'il y a **compatibilité**, ils peuvent être **connectés** les uns aux autres, **la connexion** est possible.

• Grâce au **modem**, on peut **transmettre** des données (texte, image, etc.), **des fichiers**, d'un ordinateur à un autre. **La transmission** se fait par l'intermédiaire du téléphone.

• Grâce à **la configuration** de mon ordinateur, je peux **imprimer** des textes sur toutes les imprimantes de l'entreprise.

• La plupart des utilisateurs ont **un code d'accès** (= **un mot de passe**), c'est-à-dire un numéro strictement confidentiel qui leur autorise l'accès à un réseau.

• **Le** « **grand public** » apprécie **les jeux interactifs**, où le public peut intervenir.

• Un logiciel peut avoir **un bogue***, et un système peut être atteint par **un virus**, ce qui entraîne de graves problèmes de fonctionnement.

• Depuis des années, **des pirates** copient illégalement **des logiciels** (= ils **piratent des programmes**) : **le piratage** informatique est interdit.

EXERCICES

1 **Vrai ou faux ?**

	VRAI	FAUX
1. Un informaticien travaille dans l'informatisation.	❑	❑
2. Le système fait partie de l'unité centrale.	❑	❑
3. Le modem permet de consulter une banque de données.	❑	❑
4. On peut pirater une configuration.	❑	❑
5. La connexion est possible entre deux ordinateurs compatibles.	❑	❑
6. Un programmeur s'occupe de la transmission des données.	❑	❑
7. On peut informatiser un réseau.	❑	❑

2 **Complétez les phrases.**

1. Elle hésite entre deux ____________ : une imprimante laser ou un scanner.

2. J'ai oublié mon ____________ ____________ , je ne peux plus accéder au réseau !

3. Les ordinateurs de ces deux marques concurrentes ne sont pas ____________.

4. Comment fait-on pour se ____________ sur le réseau ?

5. Pour faire sa recherche, il doit consulter une ____________ ______ ____________.

6. Je suis sûr que mon collègue n'a pas acheté ce logiciel, il l'a ____________.

7. ______ ____________ ____________ utilise de plus en plus les ordinateurs.

8. Nous avons pu ____________ des fichiers grâce à notre nouveau modem.

3 **Devinez de qui on parle.**

1. Il travaille dans l'informatique. ______________________________

2. Il fait de la recherche. ______________________________

3. Il fait de la programmation. ______________________________

4. Il utilise un ordinateur par exemple. ______________________________

5. Il est spécialiste d'une science. ______________________________

6. Il a inventé quelque chose. ______________________________

7. Il copie illégalement des logiciels pour les vendre. ______________________________

4 **Choisissez les termes possibles.**

1. Cet ordinateur est *fiable* / *informatique* / *compatible* / *opérationnel.*

2. Je peux *saisir* / *transmettre* / *conduire* / *introduire* / *accéder* / *régler* des données.

3. Ce nouvel appareil est *une régression* / *une découverte* / *une révolution* / *en état de marche* / *une expérimentation.*

4. Ce service administratif est *équipé* / *expérimenté* / *informatisé* / *modernisé* / *piraté* / *robotisé* / *réglé.*

21 LES MÉDIAS – LA PRESSE

LES MÉDIAS

• **La radio**, **la télévision** et **la presse écrite** constituent **les médias**.
Le programme est l'ensemble **des émissions** de radio ou de **télé***.

• **Les auditeurs** peuvent écouter de nombreuses **stations de radio** (publiques ou privées) qui **émettent sur ondes courtes**, **ondes moyennes**, **grandes ondes** ou **modulation de fréquence (FM)**.

• En France, il existe diverses **chaînes de télévision**, publiques ou privées, dont certaines appartiennent au **réseau câblé** et d'autres **sont transmises** par **satellite**. Pour regarder la télévision, « **le petit écran** », **les téléspectateurs** doivent avoir **un téléviseur** (= **un poste de télévision**) et **une antenne** (éventuellement **parabolique**).

• Les médias **donnent** / **communiquent les nouvelles**, c'est-à-dire **les événements** de **l'actualité**, que l'on peut entendre **à** la radio ou **à** la télévision, pendant **les informations** / **les infos*** / **le journal**. **Les présentateurs** (de radio ou de télévision) **annoncent** / **rapportent** les nouvelles, si possible de manière **impartiale** (sans **prendre parti**), objective. Cependant, certains faits deviennent des événements **médiatiques** (= leur importance est exagérée artificiellement par les médias). Les médias influencent **l'opinion publique**. Un homme politique qui « **passe** » bien à la télévision est **un homme médiatique**.

• À la radio ou à la télévision, on peut suivre **un reportage**, **un débat**, **un face-à-face télévisé**, **de la publicité**, **la météo**, **une interview en direct** ou au contraire **en différé** (= l'émission est enregistrée avant **la diffusion**), **une retransmission** de match sportif (« le match de football **sera retransmis** en direct du Stade de France »). La télévision **diffuse** aussi des films de cinéma, **des téléfilms** ou **des feuilletons** à épisodes. On peut **zapper***, c'est-à-dire passer d'une chaîne à l'autre.

Quelques expressions imagées

• *Nous sommes sur la même longueur d'onde* = nous nous comprenons très bien.
• *Elle a des antennes* = elle a beaucoup d'intuition.

EXERCICES

1 Complétez le tableau avec les mots suivants.

auditeur – station – FM – réseau câblé – publicité – chaîne – zapper – téléfilm – téléspectateur – présentateur – interview – antenne parabolique – émission – informations – différé

Concerne la radio	Concerne la télévision	Concerne les deux
______	______	______
______	______	______
______	______	______
______	______	______
______	______	______
______	______	______

2 Remettez les mots en italique à leur place dans les 6 phrases.

1. Il y a beaucoup de *stations* de télévision. ______
2. Les *feuilletons* sont très importants pour la publicité. ______
3. Les *téléspectateurs* annoncent les nouvelles. ______
4. Ils regardent beaucoup de *médias* à la télévision. ______
5. Sur les *chaînes* de radio, on peut écouter la météo. ______
6. Les *présentateurs* regardent la télévision. ______

3 Vrai ou faux ?

	VRAI	FAUX
1. Un téléviseur est un présentateur de télévision.	❑	❑
2. Les matchs de football sont retransmis à la radio.	❑	❑
3. Les chaînes de télévision émettent sur grandes ondes.	❑	❑
4. On peut écouter le journal à la radio.	❑	❑
5. Les médias jouent un rôle important dans l'opinion publique.	❑	❑
6. « Il y a un bon programme » = « il y a une bonne émission ».	❑	❑
7. Les téléfilms sont diffusés au cinéma.	❑	❑

4 Que représente « elle » ?

1. *Elle* est influencée par les médias. ______
2. *Elle* appartient au réseau câblé. ______
3. *Elle* est parabolique. ______
4. *Elle* est dans le programme et je vais la regarder. ______
5. *Elle* émet sur ondes courtes. ______
6. *Elle* nous donne des informations sur le temps qu'il fera demain. ______

LA PRESSE ÉCRITE

- Un(e) **journaliste fait du journalisme** et **écrit des articles** pour :
  - **un journal** quotidien, « **un quotidien** » (= **publié** tous les jours), national (comme *Le Monde*, *Le Figaro*…) ou régional (comme *Ouest-France*, *Midi-Libre*…) ;
  - **un magazine** hebdomadaire, « **un hebdo***[**madaire**] » (= publié chaque semaine), comme *L'Express*, *Le Nouvel Observateur*… ;
  - **une revue** spécialisée, généralement mensuelle, « **un mensuel** » (= une fois par mois), comme *Géo* ou *Maisons et Jardins*… ;
  - **un magazine féminin**, comme *Elle* ou *Marie Claire*…

- **Les lecteurs** peuvent acheter **un numéro** au **kiosque à journaux** ou chez **le marchand de journaux**. Les plus **fidèles** lecteurs peuvent **s'abonner** : ils **prennent un abonnement** à un journal, ils **sont abonnés à** un journal (= ils le reçoivent à la maison).
« Est-ce que le dernier numéro de *Elle* **est sorti** (= **paru**) ?
– Non, pas encore, c'est le numéro **de** la semaine dernière. *Elle* **paraît le** lundi, **la publication** a lieu le lundi. »

- Un journal est constitué de différentes **rubriques** : **politique intérieure**, **politique étrangère**, **faits divers**, sport, culture, **courrier des lecteurs**, météo, **petites annonces**… Il y a souvent des **dessins satiriques** avec **une légende** (= un bref commentaire du dessin). Un quotidien a parfois **un fort tirage**, par exemple il **tire à** 400 000 **exemplaires**.

- L'équipe qui travaille pour un journal comprend en général **un rédacteur en chef**, des journalistes, **des reporters**, **des photographes de presse** et **des envoyés spéciaux**. Dans certains pays, les journalistes se battent pour **la liberté de la presse**, c'est-à-dire pour la possibilité de s'exprimer librement.

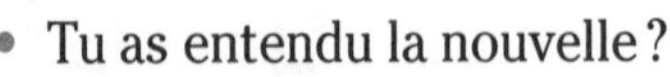

- Tu as entendu la nouvelle ?
– Non, je l'ai lue **dans** le journal (= **dans la presse**). **Toute la presse en parle** (= **c'est dans toute la presse**). C'est **à la une** des journaux (= **ça fait** la une des journaux).

- **L'attaché(e) de presse** du ministre **a publié un communiqué de presse** : le ministre **tiendra / donnera une conférence de presse** mardi prochain.

EXERCICES

1 **Choisissez les termes possibles.**

1. Je me suis abonné à *un hebdo / un lecteur / un journal / un dessin / une revue*.
2. La nouvelle est *dans la presse / à la une / dans le numéro / dans la légende / dans les journaux*.
3. Dans ce journal, il y a des *rubriques / dessins / tirages / petites annonces / exemplaires*.
4. *Un journaliste / un envoyé spécial / un photographe / un marchand de journaux / un communiqué de presse* travaillent pour ce magazine.

2 **Devinez de qui ou de quoi on parle.**

1. Je l'achète toutes les semaines. ____________________
2. La légende était très amusante. ____________________
3. Il dirige l'équipe du journal. ____________________
4. C'est la première page d'un journal. ____________________
5. Les plus fidèles s'abonnent. ____________________
6. C'est là qu'on achète le journal. ____________________
7. Le président en a tenu une mardi. ____________________

3 **Éliminez l'intrus.**

1. magasin / magazine / revue
2. présentateur / lecteur / auditeur
3. numéro / actualité / exemplaire
4. sorti / paru / abonné
5. zapper / écrire / publier
6. émission / article / programme
7. antenne / quotidien / chaîne

4 **Associez pour constituer une phrase complète.**

1. C'est un mensuel,
2. Je l'ai vu dans le journal,
3. Il est très médiatique,
4. Je vais acheter le dernier numéro,
5. Pour voir cette chaîne,
6. Elle donnera une conférence de presse,
7. Elle écrit des articles intéressants,
8. Le concert a été enregistré lundi, mais

a. il sera retransmis jeudi.
b. c'est une bonne journaliste.
c. je l'achète tous les mois.
d. il passe très bien à la télévision.
e. et tous les journalistes seront là.
f. c'est à la une.
g. il nous faut une antenne parabolique.
h. qui est paru ce matin.

22 LES CRIMES ET LES FAITS DIVERS

L'AFFAIRE RABEAU

• Mme Rabeau est **morte**, sauvagement **assassinée** chez elle. Son **corps** a été découvert mardi soir et **l'arme du crime** a été retrouvée : **un revolver**. Qui **a tué** Mme Rabeau ? Comment **identifier le coupable** ? Est-ce **un dangereux criminel** ? Immédiatement après **le drame**, **les policiers** commencent **une enquête**.

• **Quelle piste suivre** ? Heureusement, **les enquêteurs** découvrent **un indice sur le lieu du crime** : une petite boucle d'oreille. D'homme ou de femme ? Mystère…

• Quel est **le mobile** du **meurtre** ? L'argent ? Mme Rabeau n'était pas riche. L'amour ? Mme Rabeau vivait seule et sans amant…
Y a-t-il **des témoins** ? Non, personne n'a rien vu. Les voisins n'ont remarqué personne de **louche** (= bizarre, suspect, étrange).

• Y a-t-il eu **une bagarre** ? Apparemment, Mme Rabeau ne **s'est** pas **défendue**, mais **le meurtrier a frappé sa victime** avant de **tirer sur** elle.

• Les enquêteurs trouvent alors sur le compte en banque de Mme Rabeau de grosses sommes d'argent versées par la société Cred. On a peut-être voulu **voler à** Mme Rabeau son argent. Comment **le voleur** est-il entré chez elle, alors ? Il n'y a pas de trace de **cambriolage**, tout était en ordre dans l'appartement. Mme Rabeau a ouvert la porte à **son agresseur** sans se méfier. Donc elle le connaissait et ne pensait pas qu'elle **risquait sa vie**, qu'elle pouvait être **victime d'une agression** et d'**un vol**.

EXERCICES

1 Associez (il y a parfois plusieurs possibilités).

1. Le policier
2. Le meurtrier
3. La victime
4. Le témoin

a. est assassinée.
b. est coupable.
c. reconnaît le coupable.
d. découvre un indice.
e. cherche un mobile.
f. tue sa victime.
g. se défend.
h. suit une piste.
i. donne un indice.
j. utilise une arme pour assassiner.
k. voit l'agression.

2 Éliminez l'intrus.

1. arme / mobile / mobilier
2. coupable / témoin / criminel
3. voler / frapper / tirer
4. piste / lieu / indice
5. vol / voleur / cambriolage
6. crime / meurtre / bagarre
7. tuer / frapper / assassiner

3 Complétez le tableau par les mots suivants.

crime – voleur – enquêteur – agression – enquête – criminel – vol – meurtrier – agresseur – meurtre

Personne	Action
______________	______________
______________	______________
______________	______________

4 Complétez le texte suivant en choisissant le mot approprié.

Le crime de la rue Breton

Le ____________ a encore frappé ! Deux ____________ de femmes ont été trouvés devant leur maison. Un ____________ dit avoir vu quelqu'un entrer chez elles vers 18 h. Les ____________ ont été rapidement ____________ . Les ____________ n'ont pas trouvé d'____________ sur le lieu du ____________ .

a. *meurtrier* — *coupable*
b. *victimes* — *corps*
c. *policier* — *témoin*
d. *enquêteurs* — *victimes*
e. *identifiées* — *découvertes*
f. *policiers* — *voleurs*
g. *témoins* — *indices*
h. *mobile* — *crime*

- Dans les papiers de la victime, on retrouve un brouillon de lettre. Voilà une nouvelle piste : est-ce que Mme Rabeau connaissait un secret ? Est-ce qu'elle **faisait du chantage** ? Il faut d'abord trouver qui est à la tête de la Cred.

- Après une brève enquête, on s'aperçoit qu'il s'agit d'un certain Alfred Meuran, homme d'affaires plus ou moins **corrompu**, qui **avait** déjà **eu affaire avec la justice**, justement pour une histoire de **corruption**. Alfred Meuran devient donc **le suspect** n° 1. Il **est recherché** par la police.

- **Arrêté**, Alfred Meuran **est interrogé** par la police. Il commence par **nier les faits** et protester de **son innocence** : « Je ne connais absolument pas Mme Rabeau ! Je suis **innocent** ! »

- Mais les policiers ont **la preuve** qu'il ment. Meuran reconnaît son crime et **avoue** : « Il y a 10 ans, j'**ai détourné des fonds** destinés à une organisation humanitaire. J'**ai falsifié** des chèques et donc **escroqué** les donateurs. » Alfred Meuran était donc **un escroc**.

- Mme Rabeau faisait effectivement du chantage et **menaçait** Alfred Meuran de le **dénoncer à** la police s'il ne lui donnait pas d'argent. Ruiné, Alfred Meuran a pris peur et **a abattu** Mme Rabeau. Il a agi **sans complice**, personne ne l'a aidé, il n'y a pas eu de **complicité** parmi les voisins, par exemple.

- Alfred Meuran **a** donc **été accusé d'escroquerie** et d'**homicide volontaire**. Pendant **son procès**, il **a été défendu par un avocat**, Maître Daru. Meuran **a été condamné à** 10 ans de **prison** et **incarcéré à** la prison de Fleury-Mérogis.

EXERCICES

1 **Complétez la lettre suivante, en choisissant parmi les mots suivants.**

voleur – arrêté – policier – avocat – mobile – preuves – enquêteurs – témoins – procès – prison – meurtrier – enquête – coupable – innocent – suspect

. . . et figure-toi que je vais être l'____________ de Féran, tu sais, le ____________ des deux femmes de la rue Breton. Il a été ____________ par la police après une très longue ____________. Bien sûr, il prétend qu'il est ____________, mais les ____________ ont trouvé des ____________ qu'il est bien le ____________. J'ai l'impression que le ____________ sera long et difficile... De toute façon, Féran ira en ____________, c'est certain...

2 **Devinez de qui on parle.**

1. La police pense qu'il a peut-être commis le crime. C'est ____________
2. Il a pris de l'argent et des bijoux à une vieille dame. C'est ____________
3. Elle a aidé le meurtrier à commettre son crime. C'est ____________
4. Il défend l'accusé lors du procès. C'est ____________
5. Il est certain d'avoir vu le coupable. C'est ____________
6. C'est elle qu'on a assassinée. C'est ____________
7. Il a pris de l'argent destiné à une société. C'est ____________

3 **Trouvez la meilleure légende pour chacun des dessins suivants.**

1.

2.

3.

4.

5.

a. Elle est témoin d'une agression.
b. Il vole de l'argent.
c. Il fait un cambriolage.
d. Le policier enquête.
e. L'homme menace sa victime.
f. L'homme est interrogé.
g. L'avocat défend son client.
h. L'homme tire sur sa victime.
i. Le policier interroge quelqu'un.
j. Elle est complice d'une agression.

23 L'ENVIRONNEMENT

LA PROTECTION DE L'ENVIRONNEMENT

• On considère que **la pollution est nuisible à** l'environnement : elle l'**abîme**, et même le **détruit**. Les villes sont **polluées**. On accuse la voiture d'être **polluante** parce qu'elle **émet** des **gaz d'échappement**.

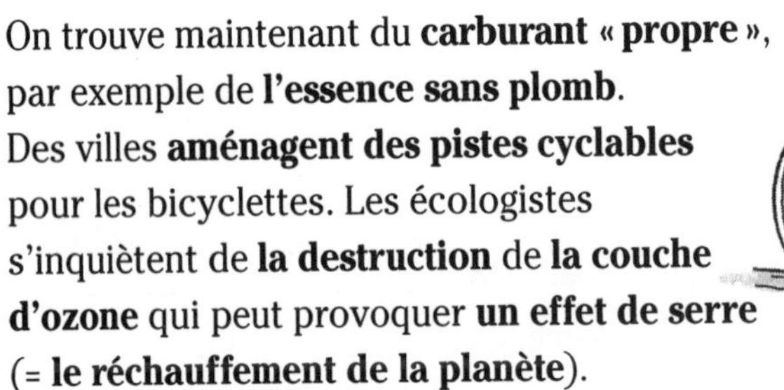

On trouve maintenant du **carburant « propre »**, par exemple de **l'essence sans plomb**. Des villes **aménagent des pistes cyclables** pour les bicyclettes. Les écologistes s'inquiètent de **la destruction** de **la couche d'ozone** qui peut provoquer **un effet de serre** (= **le réchauffement de la planète**).

• Le transport **des produits toxiques** est **réglementé** dans les villes, car ils sont dangereux.

• Certains s'opposent à **l'énergie nucléaire**, à la construction d'**usines atomiques**. Il faut surveiller **les déchets radioactifs**, car **la radioactivité** est dangereuse pour la santé.

• On pratique **le recyclage des ordures ménagères** : on **trie / fait le tri** des déchets, **du verre usagé** et **du papier** ; on les place dans **des conteneurs**.

Les déchets sont apportés à **une usine de traitement** (= d'**incinération**) des ordures ménagères. Le verre **collecté** est **recyclé**.

• Depuis quelques années, on crée en France **des parcs naturels**, des sortes de **réserves** où la végétation et les animaux sont **protégés**. Les villes essayent d'aménager plus d'« **espaces verts** » (= des jardins et des squares).

EXERCICES

1 Choisissez la bonne réponse.

1. Il y a des pistes | cyclables | bicyclettes | à Paris.
2. La voiture est | polluée | polluante |.
3. On discute de l'effet de | réchauffement de la planète | serre |.
4. Il y a de plus en plus de parcs | naturels | verts |.
5. La voiture | aménage | émet | des gaz d'échappement.
6. On | trie | réglemente | les ordures ménagères.
7. Les déchets des usines atomiques sont | radioactifs | pollués |.

2 Vrai ou faux ?

	VRAI	FAUX
1. Les déchets sont incinérés dans un conteneur.	❑	❑
2. L'essence sans plomb est un carburant propre.	❑	❑
3. L'effet de serre est polluant.	❑	❑
4. L'environnement est mis en danger par la couche d'ozone.	❑	❑
5. Les produits radioactifs sont recyclés.	❑	❑
6. Les espaces verts sont créés par les écologistes.	❑	❑
7. Le verre usagé est recyclé.	❑	❑

3 Associez les mots de sens équivalent.

1. carburant propre	a. nucléaire
2. ordures	b. incinération
3. atomique	c. essence sans plomb
4. effet de serre	d. déchets
5. traitement	e. réchauffement de la planète

4 Devinettes. De quoi parle-t-on ?

1. On y met les bouteilles usagées. ____________________
2. Elle abîme l'environnement. ____________________
3. Ils sont incinérés dans une usine. ____________________
4. L'essence sans plomb en est un. ____________________
5. Il est généralement recyclé. ____________________
6. C'est là que roulent les vélos. ____________________
7. Leur transport est réglementé. ____________________

LES CATASTROPHES NATURELLES

• **un désastre < une catastrophe < un cataclysme**

• Le fleuve **a débordé** et **a inondé** la campagne ; **la crue** du fleuve a provoqué **une inondation**.

• En montagne, on risque toujours de provoquer **une avalanche**.

• **Le volcan** est **en éruption**. L'éruption **volcanique a fait** 100 **victimes**, dont 79 **morts** et 21 **disparus**.

• S'il y a **un tremblement de terre** (= « **un séisme de force** 7 sur **l'échelle de Richter** »), la terre **tremble**, et beaucoup de gens **sont ensevelis** sous **les décombres** des maisons **détruites**.

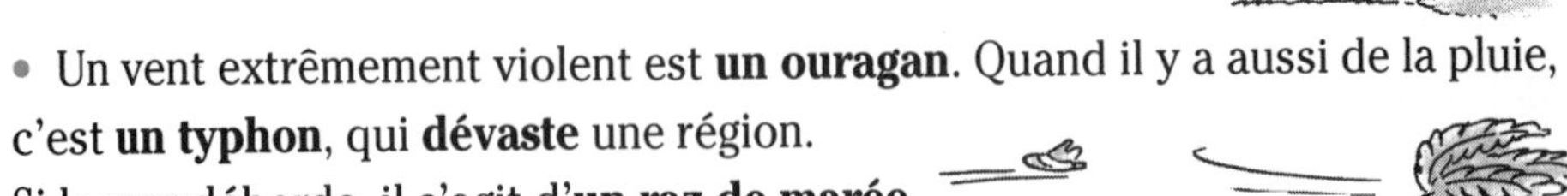

• En été, il se produit parfois **des incendies de forêt** (= des feux).

• Un vent extrêmement violent est **un ouragan**. Quand il y a aussi de la pluie, c'est **un typhon**, qui **dévaste** une région. Si la mer déborde, il s'agit d'**un raz de marée**.

Quelques expressions imagées

• Chloé a *un tempérament volcanique* (= explosif).
• Je *suis inondé* de* courrier, parce qu'il y a *une avalanche de* problèmes.
• Elle *déborde d'*énergie (= elle a énormément d'énergie).
• La décision du ministre a provoqué *un séisme* parmi les étudiants.

EXERCICES

1 Associez.

1. inondation
2. incendie
3. séisme
4. éruption
5. raz de marée
6. crue

a. feu

b. eau

c. terre

2 Complétez les mots croisés suivants.

Horizontalement
1. Se produit en montagne.
2. C'est un vent très violent.
3. C'est la montée du fleuve.
4. Un synonyme de « tremblement de terre ».

Verticalement
a. Peut se mettre en éruption.
b. C'est une forme de catastrophe.
c. Elle est provoquée par la crue du fleuve.

3 Choisissez la bonne réponse.

1. Mon ami a été | inondé | inondation | de lettres de félicitations.
2. Après ses vacances, il | tremble | déborde | d'énergie.
3. J'ai reçu | un ouragan | une avalanche | de coups de téléphone.
4. Cet homme est difficile à vivre, il a un caractère | naturel | volcanique |.

4 Éliminez l'intrus.

1. ordures / déchets / décombres
2. désastre / crue / inondation
3. incendie / incinération / traitement
4. éruption / séisme / volcan
5. ouragan / typhon / avalanche
6. crue / cratère / lave

24 LA POLITIQUE ET LA SOCIÉTÉ

L'ÉTAT

• La **République française** a **un drapeau** bleu-blanc-rouge, **un hymne national** (***La Marseillaise***), **une personnification** (un buste de jeune femme : *Marianne*) et **une devise** (**« Liberté, Égalité, Fraternité »**).
Quand on montre **un patriotisme** exagéré et ridicule (= **le chauvinisme**), on est **chauvin**.

• **Le président de la République** (= **le chef de l'État**) **est / reste au pouvoir** pendant 7 ans. Il **nomme le Premier ministre** (= **le chef du gouvernement**). Ce dernier **forme un gouvernement** : il nomme **les ministres** (de l'Intérieur, des Finances, de la Justice, etc.) et **gouverne**, en respectant **la Constitution** (= l'ensemble des **lois** qui régissent la nation). L'ensemble des **ministères** constitue **le pouvoir exécutif**. Un ministre peut **démissionner / donner sa démission** (= quitter son poste volontairement).

• La France a **un régime parlementaire** et **démocratique**, c'est **une démocratie. Le peuple est représenté** à **l'Assemblée nationale** par **des députés** qui ont **le pouvoir législatif**.

• Les finances de l'État proviennent **des impôts** payés par **les contribuables. Le fisc** ou **le Trésor public** (= l'administration des impôts) lutte aussi contre **la fraude fiscale** (= falsification). Les consommateurs payent **la TVA** (**t**axe à la **v**aleur **a**joutée) sur les produits achetés.

LA VIE POLITIQUE : PARTIS ET ÉLECTIONS

• **Un citoyen** peut être **membre d'un parti politique**. On distingue globalement **« la droite »** et **« la gauche »** : on **est de** droite ou de gauche.

• Lors d'**une élection présidentielle**, **législative** (= pour **élire** les députés) ou **municipale** (= pour élire **le maire** d'une ville), **les électeurs votent pour** leur **candidat** favori. **Les hommes** ou **femmes politiques** (= **les politiciens**) font **une campagne électorale**, présentent leur **programme** électoral et lisent **les sondages d'opinion**, qui mesurent leurs chances d'être **élus**. Le candidat élu **remporte / gagne** les élections (≠ **perd**). Celui qui **a obtenu** plus de 50 % **des voix a la majorité absolue**.

EXERCICES

1 Vrai ou faux ?

	VRAI	FAUX
1. Le président de la République s'appelle Marianne.	❑	❑
2. Le Premier ministre est le chef de l'État.	❑	❑
3. L'Assemblée nationale est composée de députés.	❑	❑
4. Les députés ont le pouvoir exécutif.	❑	❑
5. *La Marseillaise* est la personnification de la République française.	❑	❑
6. Les sondages permettent d'imaginer le résultat des élections.	❑	❑
7. Le candidat fait une campagne électorale.	❑	❑
8. Le député a été élu par *La Marseillaise*.	❑	❑

2 Associez (plusieurs solutions sont possibles).

1. Le Premier ministre
2. La France
3. Un politicien

a. est au pouvoir.
b. est élu.
c. est nommé.
d. fait une campagne électorale.
e. est membre d'un parti.
f. a un drapeau.
g. gouverne.
h. est une démocratie.
i. donne sa démission.
j. a une devise.

3 Choisissez la bonne réponse.

1. Il a obtenu 37 % des | voies | voix |.
2. Le candidat propose un programme | électoral | d'opinion |.
3. La TVA est | une devise | une taxe |.
4. Les maires sont élus lors des élections | législatives | municipales |.
5. Le candidat a | voté | remporté | les élections.
6. Le président de la République | élit | nomme | le Premier ministre.
7. Le ministre a | remporté | donné | sa démission.

4 Associez les mots de sens équivalent.

1. le président de la République
2. un homme politique
3. un représentant à l'Assemblée nationale
4. le Premier ministre
5. un membre du pouvoir exécutif
6. le Trésor public

a. un politicien
b. le fisc
c. un ministre
d. le chef de l'État
e. un député
f. le chef du gouvernement

LES « MOUVEMENTS SOCIAUX »

- **une manifestation, une manif***

C'EST LA LUTTE FINALE
TOUS À LA BASTILLE
une banderole
les manifestants manifestent
ils défilent place de la Bastille (le défilé)

- Quand des salariés sont mécontents, ils arrêtent de travailler, ils **font grève** (= ils **se mettent en grève**). **Les grévistes** appartiennent souvent à **un syndicat** (= une association de défense des intérêts des salariés), ils **sont syndiqués**.

LES RELATIONS INTERNATIONALES

- La France a **une ambassade** (= un bureau) dans la plupart des pays du monde. **Un ambassadeur représente** la France. Il permet à la France d'**avoir**, d'**établir** ou de **reprendre** (≠ **rompre**) **des relations diplomatiques**.

- Certaines **associations humanitaires luttent pour le respect des droits de l'homme**, elles luttent **contre la violation** de ces droits.

GUERRE ET PAIX

- Quand deux pays **ennemis** entrent **en conflit armé**, ils **sont en guerre**. A **déclare** la guerre à B, A **envahit** B, B **est envahi** par **l'armée** de A, il subit **une invasion**. A **attaque** B ; lors de **batailles**, A **bombarde** B, **fait des bombardements** où beaucoup de **victimes sont tuées**. A peut **s'allier avec** C, C est **un allié** de A, C **a conclu une alliance avec** A.

Remarque : Quand beaucoup de gens sont **massacrés** (= tués sauvagement), on parle de **massacres**.

- Enfin, on **déclare un cessez-le-feu** (= **l'arrêt des combats**). Un pays **gagne** ≠ **perd** la guerre ; on annonce **la victoire** (≠ **la défaite**). On **engage des pourparlers de paix** (= **des négociations**), puis on **signe un traité de paix** (**la signature**).

Remarque : On parle de « la guerre de 14 » (la Première Guerre mondiale) et de « la guerre de 40 » (la Seconde Guerre mondiale).

EXERCICES

1 Choisissez la bonne réponse.

1. Les employés des transports publics sont en | grève | guerre |.
2. Quelques grévistes sont | syndicats | syndiqués |.
3. Ils organisent une | démonstration | manisfestation |.
4. Les manifestants appartiennent à | un syndicat | une grève |.
5. Ils | font grève | défilent | place de la Nation et avenue de la République.
6. Les médias parlent des | mouvements | manifestants | sociaux.

2 Devinettes. De quoi ou de qui parle-t-on ?

1. Il représente la France à l'étranger. ____________________
2. Enfin, les deux anciens ennemis en ont signé un. ____________________
3. Ces personnes innocentes ont été tuées pendant la guerre. ____________________
4. Ce pays en a conclu une avec le pays voisin. ____________________
5. Elles luttent pour le respect des droits de l'homme. ____________________
6. Ce pays l'a gagnée contre son ennemi. ____________________
7. Malheureusement, elles ont été rompues. ____________________

3 Corrigez l'erreur dans chacune de ces phrases.

1. Les deux pays sont *en grève*. ____________________
2. Le fisc *bombarde* la fraude fiscale. ____________________
3. L'ambassadeur représente son pays à *l'Assemblée nationale*. ____________________
4. *Les manifestants* ont déclaré un cessez-le-feu. ____________________
5. Les électeurs *nomment* leur candidat favori. ____________________
6. Le Premier ministre *a élu* des ministres. ____________________
7. Les deux pays ont signé *la guerre*. ____________________

4 Les mots en italique ont été intervertis dans les 6 phrases. Remettez-les à leur place.

1. Ce pays *signe* des relations diplomatiques avec son voisin. ____________________
2. 500 personnes *votent* il y a une semaine. ____________________
3. On *engage* un traité de paix. ____________________
4. Les électeurs *ont été massacrées* pour un candidat. ____________________
5. Le Premier ministre *a repris* un gouvernement. ____________________
6. On *forme* les pourparlers. ____________________

25 L'ART – LES ARTS PLASTIQUES

On appelle « **arts plastiques** » tous les arts visuels : la peinture, la sculpture, le dessin…

QUELQUES STRUCTURES À PROPOS DE L'ART EN GÉNÉRAL

• **faire de la peinture, de la musique, du chant, de la photo :** c'est un passe-temps, une activité non professionnelle mais sérieuse.
→ *Michel fait du piano depuis des années. Catherine fait de la photo.*

• **chanter, dessiner, peindre, jouer d'un instrument :** c'est l'acte concret, sans jugement de valeur.
→ *Mon petit garçon dessine beaucoup à l'école, il dessine bien.*
→ *Cézanne a peint des vues de Provence.*

• **aimer ≠ détester… / savoir** { **danser / dessiner**	**aimer ≠ détester / connaître** { **la danse / le dessin**
on aime ≠ déteste, on sait faire.	on aime ≠ déteste, on connaît cet art.

→ *Christine aime danser, elle va souvent en boîte de nuit.*
→ *Brigitte aime la danse, elle va souvent voir des ballets au théâtre.*

• **être amateur de, être passionné de** musique, peinture, photo… : on a un goût très vif pour un art.
→ *Christian est passionné de jazz ; il va souvent dans des clubs de jazz.*

• **être doué en / pour…, avoir un don pour… :** avoir des facilités pour un art que l'on pratique.
→ *Mon frère est très doué en dessin / pour le dessin. Il a un don pour le dessin.*

• **avoir du talent :** le don est exceptionnel et permet une carrière dans le domaine.
→ *Robert Doisneau est un photographe de grand talent. Il a beaucoup de talent.*

EXERCICES

1 **Complétez.**

1. – Vous ____________ la peinture ?
   – Oui, je suis ____________ de peinture.
   – Vous ____________ du dessin ?
   – Oh non, je ____________ très mal, je ne suis pas ____________ du tout !
2. – Vous êtes ________ de danse ?
   – Oui, et d'ailleurs j'aime ____________ moi-même.
   – Vous ____________ bien ?
   – Pas mal. Je n'ai pas vraiment de ____________, mais je me débrouille !

2 **Choisissez la bonne phrase.**

1. Léa aime la sculpture, alors
   a. elle fait de la sculpture.
   b. elle va voir des expos de sculpture.
2. Hélène chante juste, alors
   a. elle chante dans une chorale tous les samedis.
   b. elle écoute des chansons.
3. Annie connaît bien la peinture,
   a. elle peut parler de peinture.
   b. elle a peint un joli tableau.
4. C'est un architecte de talent,
   a. la ville lui a commandé un monument.
   b. il est grand amateur d'architecture.
5. Benoît sait dessiner,
   a. il m'a emmené à une expo de dessin.
   b. il a dessiné le château que nous visitions.
6. Hubert déteste la danse,
   a. il ne va jamais voir un ballet.
   b. il n'a jamais essayé de danser.

3 **Et vous ?**

1. Est-ce que vous êtes amateur d'art ?

____

2. Est-ce que vous savez danser ?

____

3. Est-ce que vous êtes doué(e) pour la musique ?

____

4. Est-ce que vous faites de la peinture ou du dessin ?

____

5. Est-ce que vous connaissez bien la musique ?

____

MUSÉES ET EXPOSITIONS

• Qu'est-ce qu'il y a comme **exposition** en ce moment ?
– Il y a **l'expo*** Monet au musée d'Orsay, qui finit le 27 mars.
– **L'entrée** est **libre** ?
– Non, l'entrée est **payante**. Mais le musée est **gratuit** le dimanche.
À la boutique du musée, tu trouveras **des cartes postales d'art**, **des reproductions** et **des affiches** des différentes expositions.

• Jean est **collectionneur d'art**, il a une **collection** de tableaux **contemporains**. Il a été invité **au vernissage** (= **à l'inauguration** = le premier jour) d'une expo d'**un** jeune **peintre** dans **une galerie d'art** du Quartier latin.

• **L'œuvre** d'**un artiste** est constituée par l'ensemble de sa production. Mais une œuvre (**une œuvre d'art**) peut désigner une peinture, une sculpture particulière. Dans les musées, **des chefs-d'œuvre** (= des œuvres de grande valeur) **sont exposés**. **L'historien d'art** étudie **l'histoire de l'art**, **le critique d'art** porte un jugement **esthétique** sur les œuvres ou sur les expositions.

L'ATELIER DU PEINTRE

Quand le tableau sera terminé, il sera **encadré** : il y aura **un cadre** autour du tableau. La peinture peut être **à l'huile** ou encore **à l'eau** pour faire **une gouache**, ou **une aquarelle**.

LE DESSINATEUR

Le dessinateur dessine sur **du papier à dessin**, avec **un crayon** ou **une plume** et **de l'encre**. Il fait d'abord **un croquis** = **une esquisse** = **une ébauche**.

EXERCICES

1 Vrai ou faux ?

	VRAI	FAUX
1. L'expo dure jusqu'à la fin du mois.	❑	❑
2. Il est collectionneur, il dirige un musée.	❑	❑
3. Le peintre pose le modèle sur le chevalet.	❑	❑
4. Elle a acheté une reproduction de l'expo.	❑	❑
5. Le vernissage aura lieu tout le mois de juin.	❑	❑
6. Le musée présente quelques chefs-d'œuvre de cet artiste.	❑	❑
7. La peinture fait un tableau.	❑	❑
8. Elle voudrait encadrer le tableau.	❑	❑

2 Complétez les mots croisés suivants.

Horizontalement

1. C'est là où l'artiste travaille.
2. Je dois en ouvrir un pour mettre du rouge sur ma palette.
3. Le peintre pose sa toile dessus.
4. L'artiste le regarde et le peint.
5. C'est de la peinture à l'eau.
6. C'est une autre peinture à l'eau.

Verticalement

a. On le place autour de la toile.
b. C'est le résultat du travail du peintre.
c. C'est une petite partie du tableau.
d. Le peintre pose la couleur dessus.

b. 1. 2. a. d. 3. c. 4. 5. 6.

3 Devinettes. De quoi ou de qui parle-t-on ?

1. C'est une œuvre de grande importance artistique. ______________________
2. C'est le premier jour d'une exposition. ______________________
3. On peut en acheter à la boutique du Louvre, par exemple. ______________________
4. Elle est spécialiste de l'art japonais. ______________________
5. C'est un premier dessin rapide du dessinateur. ______________________
6. Il a écrit un article très positif sur cette exposition. ______________________
7. Il pose pour l'artiste. ______________________
8. Elle est à l'huile. ______________________

QUELQUES TYPES DE TABLEAUX

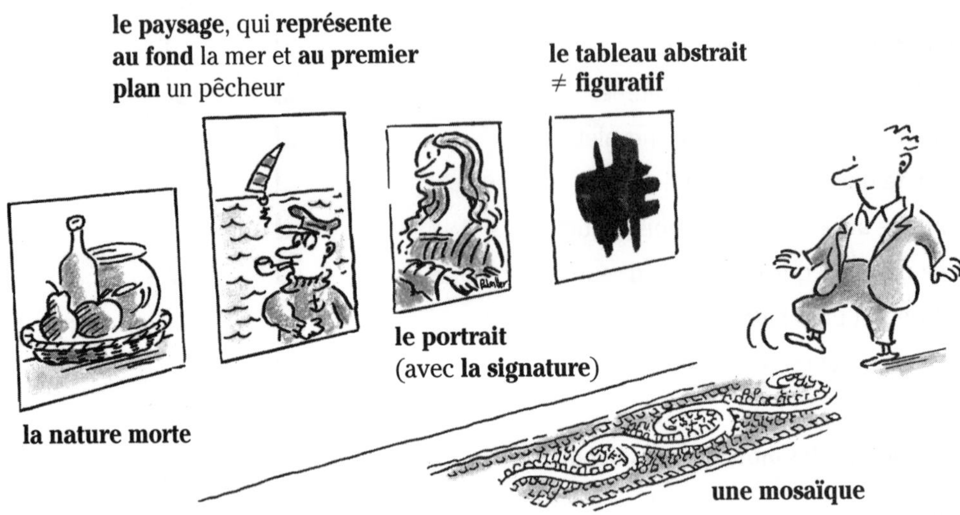

L'étudiant en art **copie** des grandes œuvres : il **fait une copie** d'une œuvre, que l'on distingue de **l'original**. Quand une œuvre d'art est abîmée, elle doit **être restaurée** dans un atelier de **restauration**.

LA SCULPTURE

Le sculpteur travaille la pierre (par exemple le marbre), le bois, la terre ou le métal. Rodin, par exemple, a réalisé beaucoup de **sculptures** : **des statues**, **des reliefs**, des objets **sculptés**...

L'ARCHITECTURE

L'architecte dessine les plans en vue de construire **des bâtiments** (une maison, un immeuble, des bureaux...) ou **des monuments** (une église, un musée, un temple, un château...). Les monuments importants de France sont « **classés monuments historiques** » = ils sont **protégés**, **restaurés**, **entretenus** par l'État.

QUELQUES EXPRESSIONS IMAGÉES

- *Je ne peux pas la voir en peinture** = je la déteste, je ne la supporte pas.
- *C'est le portrait de* son père = il ressemble beaucoup à son père (surtout physiquement).

EXERCICES

1 Choisissez la bonne réponse.

1. J'aime beaucoup | ce paysage | cette statue | de la campagne anglaise.
2. L'artiste a | copié | peint | un portrait de sa femme.
3. Au musée du Louvre, il a enfin pu voir | le modèle | l'original | de *La Joconde*.
4. Ce tableau est abîmé, il doit être | restauré | entretenu |.
5. Est-ce que vous aimez les natures | historiques | mortes | ?
6. Le tableau représente des figures géométriques, c'est un tableau | abstrait | figuratif |.
7. Le château de Chambord est | entretenu | classé | monument historique.

2 Éliminez l'intrus.

1. tableau / table / cadre / toile
2. nature morte / paysage / modèle / portrait
3. crayon / tube / papier / encre
4. vernissage / vernis / exposition / galerie
5. peintre / sculpteur / dessinateur / collectionneur
6. original / affiche / reproduction / copie
7. bâtiment / architecte / monument / château

3 Que peut représenter « il » dans les phrases suivantes ?

1. *Il* a fait un beau portrait. ____________________
2. *Il* est exposé au musée d'Art moderne. ____________________
3. *Il* dessine un arbre. ____________________
4. *Il* est classé monument historique. ____________________
5. *Il* aura lieu le 12 mai à la Galerie Montsouris. ____________________
6. *Il* a donné sa collection au musée. ____________________
7. *Il* représente une rivière avec des bateaux. ____________________

4 Corrigez l'erreur dans chacune des phrases suivantes.

1. Le dessinateur peint avec un pinceau. ____________________
2. Le château de Versailles est restauré « monument historique ». ____________________
3. Il ne peut pas la voir en portrait ! ____________________
4. La copie de *La Joconde* (= *Mona Lisa*) est exposée au musée du Louvre. ____________________
5. L'histoire de l'art a écrit un livre sur la peinture espagnole. ____________________
6. Dans ce musée, la séance est gratuite le dimanche. ____________________
7. Il lui ressemble beaucoup, c'est le modèle de sa mère ! ____________________

26 LES ARTS DU SPECTACLE

LE THÉÂTRE

Le théâtre est :

- un genre littéraire (Marivaux est **un auteur de théâtre**) ;
- un bâtiment (on **va au théâtre** pour voir **une pièce de théâtre**) ;
- une activité (mon ami **fait du théâtre** tous les samedis).

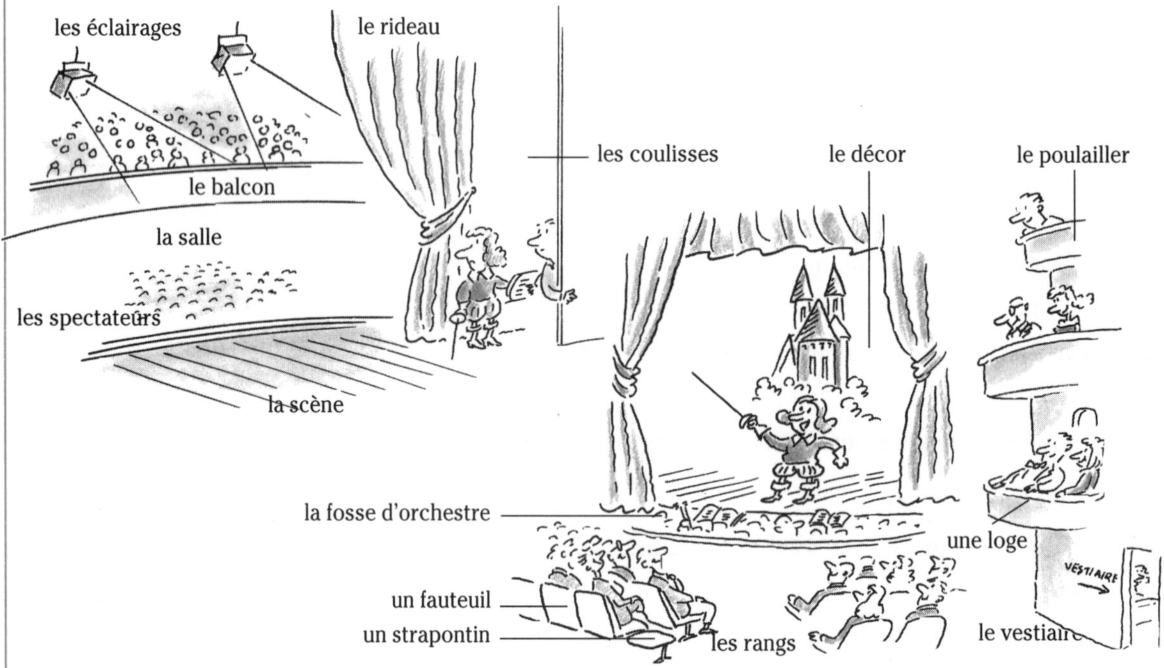

- **Qu'est-ce qui se joue**, en ce moment ?
- **On joue** *Ondine* de Giraudoux. Tu veux y aller ce soir ?
- Mais non, ce soir, c'est lundi, **c'est relâche** (les théâtres ne fonctionnent pas).
- **Ça se joue jusqu'à quand ?**
- **Ils donnent la pièce** jusqu'à la fin du mois.

- Est-ce que **la location** est **ouverte** pour *Ondine* ?
- Oui, vous pouvez **réserver des places** tous les jours, de 11 h à 19 h, sauf le dimanche.
- Est-ce que vous avez **des places pour le spectacle** de demain soir ?
- Non, monsieur, désolé, pour demain, **c'est complet**. Mais si vous voulez **assister au** spectacle, il nous reste des places pour mardi soir : **au 2e balcon à** 25 €, et de très bonnes places **à l'orchestre,** au **3e rang**, **à** 35 €.

EXERCICES

1 **Choisissez la bonne réponse.**

1. J'ai | une chaise | un fauteuil | au premier rang.
2. Nous aimons bien | les éclairages | les éclairs | de ce spectacle.
3. Cette pièce a | une décoration | un décor | moderne.
4. Les spectateurs entrent dans la | salle | scène |.
5. Je me demande ce qui se passe dans | les couloirs | les coulisses | du théâtre.
6. Il a laissé son manteau | au vestiaire | à la garde-robe |.
7. Nous avons deux places | au balcon | à la terrasse |.
8. Je | fais | vais | du théâtre le vendredi soir.

2 **Complétez en choisissant parmi les mots suivants.**

poulailler – l'orchestre – premier rang – places – fauteuils – sifflé – strapontins – complet – assisté – joue – relâche – location – chante

1. On ________________ une pièce de Ionesco.
2. Je voudrais trois ________________ pour le spectacle de dimanche.
3. Nous avons ________________ à une très belle représentation.
4. Impossible d'avoir des places, tout est ________________ .
5. La ________________ est ouverte à partir de lundi.
6. Elle a réservé deux places à ________________ .
7. Malheureusement, il ne restait que des ________________ .
8. Le 5, le théâtre est fermé, c'est ________________ .

3 **Découvrez 13 mots en relation avec le théâtre (5 horizontalement, 5 verticalement et 3 en biais).**

B	S	S	A	L	L	E	F	A	R	F
C	C	P	I	U	O	D	X	I	R	A
O	E	N	E	R	C	J	M	E	B	U
U	N	D	R	C	A	N	I	W	A	T
L	E	M	E	B	T	N	L	O	G	E
I	X	P	L	C	I	A	G	L	S	U
S	T	R	A	P	O	N	T	I	N	I
S	E	O	C	A	N	R	D	E	L	L
E	B	U	H	R	I	D	E	A	U	K
S	L	W	E	B	A	L	C	O	N	R

LA REPRÉSENTATION

• **Les ouvreuses** accompagnent les spectateurs à leur place et vendent **le programme** (avec le nom des **acteurs**, un résumé de la pièce…).

• **Le metteur en scène** est le responsable de la représentation : il choisit **les costumes** et **les décors**, décide si un acteur tiendra **le rôle principal** (= **jouera le personnage principal**) ou un rôle **secondaire**. Il dirige **les comédiens** pendant **les répétitions** (= le travail avant le spectacle) ; les acteurs **répètent** plusieurs fois avant la représentation. Le metteur en scène peut **faire une mise en scène d'avant-garde** (= très moderne) ou au contraire **traditionnelle. La troupe de théâtre part** quelquefois **en tournée** et **se produit** dans différentes villes.

• En général, les comédiens **ont le trac** avant d'**entrer en scène** (= ils sont très émus, ils ont peur de mal jouer). Pour annoncer le début du spectacle, on **frappe trois coups** derrière le rideau baissé, puis le rideau se lève.

• Au milieu du spectacle, il y a **un entracte** (= une pause). À la fin du spectacle, les acteurs **saluent** le public. Quand les spectateurs sont contents, ils **applaudissent** (on entend **les applaudissements**) ; si **c'est** vraiment **un succès**, ou même **un triomphe**, le public fait **une ovation** aux artistes. Au contraire, quand ils ne sont pas satisfaits, quand **c'est un échec**, ou pire **un four***, ils **sifflent**. Enfin, **le rideau tombe** quand le spectacle est complètement terminé.

• Une pièce de théâtre classique est généralement **en 5 actes** qui comprennent chacun plusieurs **scènes**. On peut aussi **adapter** un ouvrage au théâtre : on parle d'**une adaptation théâtrale** du livre. Parfois, à la fin de la pièce, il y a **un coup de théâtre** (= une très grande surprise).

Quelques expressions imagées

• Dans cette situation, Patrick *a eu le beau rôle* (= il est apparu à son avantage), mais Chantal *a* aussi *joué un rôle de premier plan.*
• Ma voiture *est allée dans le décor** (= j'ai eu un accident, la voiture est sortie de la route). Ma femme m'*a fait une scène* (= elle était très en colère).
• Arrête de *jouer la comédie* ! (= arrête de prétendre, de faire semblant ! Sois naturel !)

EXERCICES

1 Éliminez l'intrus.

1. spectateur / comédien / acteur
2. applaudir / siffler / jouer
3. voir / réserver / assister
4. fauteuil / place / public
5. scène / rideau / loge
6. répétition / spectacle / représentation

2 Choisissez la bonne réponse.

1. Les comédiens | sifflent | saluent | dirigent | les spectateurs.
2. | L'ouvreuse | Le public | L'acteur | a le trac.
3. Les spectateurs | vont au | jouent au | font du | théâtre.
4. J'ai été surprise par le | coup de foudre | coup de théâtre | coup d'État | à la fin de la pièce.
5. Qu'est-ce qui | se passe | se joue | joue | cette semaine ?
6. Ils ont une très bonne place | au vestiaire | au balcon | au poulailler |.
7. La troupe part en | tournée | tournage | tour |.
8. | L'ouvrage | L'ouvreuse | L'acteur | me conduit à ma place.

3 Vrai ou faux ?

	VRAI	FAUX
1. Les comédiens entrent en scène.	❑	❑
2. Le spectateur achète un fauteuil pour la représentation de ce soir.	❑	❑
3. Les acteurs assistent à la pièce.	❑	❑
4. L'ouvreuse répète avant la représentation.	❑	❑
5. Le rideau s'ouvre au début du spectacle.	❑	❑
6. Le public est très content, il siffle les acteurs.	❑	❑
7. Avant le début du spectacle, on frappe trois coups de théâtre.	❑	❑

4 Trouvez l'expression appropriée.

1. Ça a été une surprise considérable, j'ai été stupéfaite, c'est un vrai ____________________
2. Je me dispute souvent avec mon mari, je lui ____________________
3. Lors des négociations, le diplomate a fait un travail essentiel, il a joué ____________________
4. Ce spectacle n'a vraiment pas marché, c'était un échec, c'était un ____________________
5. La petite fille n'est pas malade, elle fait semblant ! ____________________

LA MUSIQUE

Quelques instruments

les baguettes
les percussions
un métronome

une partition
le pupitre
une guitare

la corde
l'archet
un violon

les touches
le clavier
les pédales
le tabouret
un piano à queue (≠ droit)

les clés
une flûte

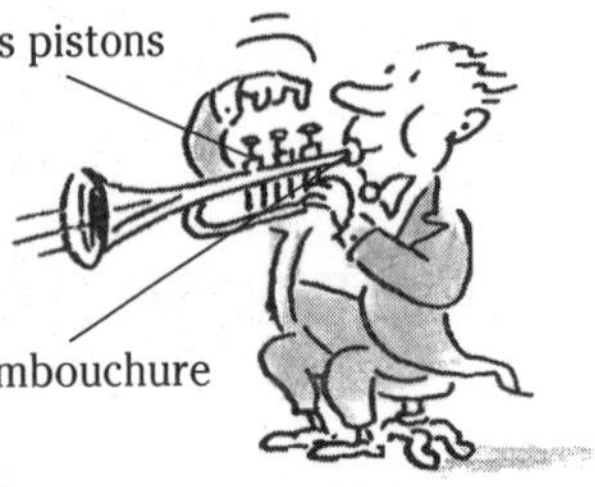

les pistons
l'embouchure
une trompette

un accordéon

La portée avec les notes

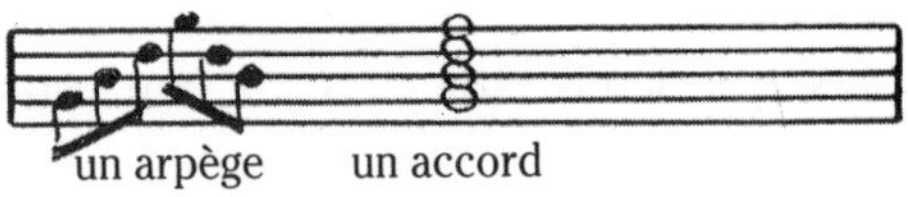

un arpège
un accord

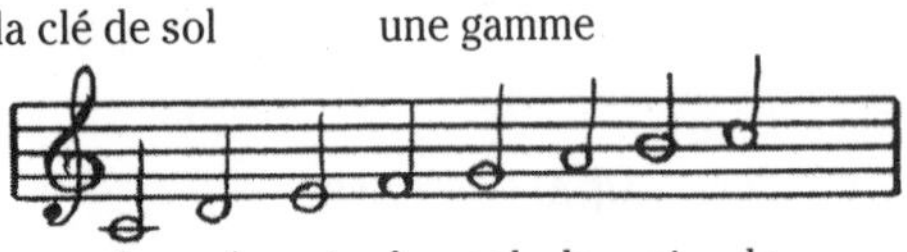

la clé de sol
une gamme
do ré mi fa sol la si do

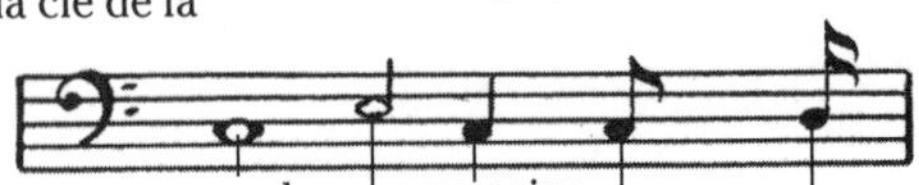

la clé de fa
une ronde
une blanche
une noire
une croche
une double croche

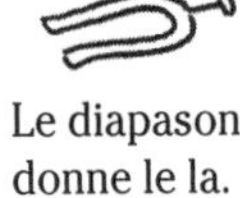
Le diapason donne le la.

• Vous **faites de la musique** ?
– Oui, je fais **du chant**. Quand je chante **un air** / **une chanson**, mon mari m'**accompagne à** la guitare. Je chante des chansons de **chanteurs** connus comme Jacques Brel.
– Vos enfants **ont** aussi **une belle voix** ?
– Ma fille **chante juste et bien** ; elle a aussi une bonne mémoire, elle **apprend** facilement **par cœur**. Mon fils, en revanche, ne sait jamais une chanson **en entier** : il se rappelle **le refrain** (= l'air qui revient plusieurs fois) mais pas toujours **les paroles**. Il **chante** vraiment **faux**. Il n'a pas **une très bonne oreille**, il n'est pas très **musicien**…

• Vous **jouez d'un instrument** ?
– Oui, je joue du violon et mon ami joue de la flûte.
– Oui, je **fais du** violon, il fait de la flûte.
– Oui, je **sais jouer du** violon, et j'**apprends à** jouer de l'accordéon.

EXERCICES

1 **De quel instrument parle-t-on ? Regardez la page ci-contre pour vous aider.**

1. Elle a six cordes, elle se joue beaucoup en Espagne, elle peut être électrique. ______________
2. C'est l'instrument traditionnel des bals français.______________
3. Il est relativement petit, il a quatre cordes, il est fabriqué en Italie. ______________
4. Elles permettent de donner le rythme d'une danse par exemple. ______________
5. C'est un petit instrument à vent, utilisé dans la musique militaire, classique et le jazz. ______________
6. Il peut être droit ou à queue. ______________

2 **Complétez en choisissant parmi les mots suivants.**

saxophone – paroles – clavier – oreille – arpège – portée – pupitre – archet – chanson – piano – notes – clé – partition – violon – cordes – touches (2 fois)

1. Le ______________ a un ______________ qui comporte des ______________ blanches et des ______________ noires.
2. On pose la ______________ sur le ______________ .
3. Les ______________ sont écrites sur une ______________ .
4. Pour jouer du ______________, on se sert d'un ______________ .
5. Pour chanter juste, il faut avoir une bonne ______________ .
6. Je connais l'air de cette ______________ , mais j'ai oublié les ______________ .

3 **Éliminez l'intrus.**

1. blanche / noire / rouge
2. guitare / percussions / violon
3. oreille / chanson / air
4. paroles / chanteur / chanson
5. gamme / accord / clé
6. notes / portée / pupitre
7. baguettes / pédale / touches

4 **Choisissez les termes possibles.**

1. As-tu vu *le clavier* / *les baguettes* / *les pédales* / *l'embouchure* / *les touches* du piano ?
2. Il chante *une voix* / *une chanson* / *un chanteur* / *un air* / *une portée.*
3. Elle *fait* / *joue* / *sonne* / *apprend* / *chante* du saxophone.
4. Sur cette portée, il y a *un arpège* / *un accord* / *un piston* / *une partition* / *une noire* / *une touche.*
5. Il fait *du théâtre* / *de la musique* / *une oreille* / *une scène* / *du chant* / *un chanteur* / *la mise en scène.*

• Vous êtes pianiste ?
– Oui, mais je ne suis pas professionnel, je joue seulement **en amateur**.
– Où est-ce que vous **prenez des cours** ?
– Je suis **élève au conservatoire**. Je prends un cours par semaine, et je **fais** environ **deux heures de piano par jour**. Je n'aime pas **faire des gammes**, je préfère **déchiffrer** (= jouer pour la première fois) **un morceau**.
– Quelle **pièce** est-ce que vous **travaillez** en ce moment ?
– **Une sonate** de Mozart. Je ne suis pas **un virtuose**, alors pour moi c'est difficile, je **fais** beaucoup de **fausses notes**. Mais j'aime aussi jouer du jazz, et dans ce cas, j'**improvise** sur **un thème**. **L'improvisation** me plaît beaucoup.
– Vous avez un bon piano ?
– Oui, mais il **est désaccordé**. Je dois faire venir **un accordeur** pour qu'il **accorde** mon instrument.

• Dans **une salle de concert, les mélomanes** (= les amateurs de musique) peuvent **assister à** des **concerts symphoniques**. **L'orchestre est dirigé par un chef d'orchestre**, qui tient **une baguette** à la main. On peut aussi écouter des concerts de **musique de chambre** (= avec juste quelques instruments) ou encore **des récitals** de **solistes** (= qui jouent seuls). **Les interprètes** jouent des œuvres de **compositeurs** plus ou moins célèbres, et **les critiques** jugent si **l'interprétation** est bonne ou non.

• Nathalie chante dans **une chorale** / **un chœur**. Anne est **cantatrice** et **chante de l'opéra**. Elle **se produit** régulièrement **en public**. Bientôt, elle chantera **le rôle de** Carmen à l'Opéra de Paris.

Quelques expressions imagées

• *On connaît la chanson ! On connaît la musique !* = on n'est pas surpris, on connaît ce genre de situation, on en a l'expérience.
• Je *travaille en musique*, j'aime avoir *une musique de fond* = je travaille et j'écoute de la musique en même temps.
• *C'est le ton qui fait la chanson* = la manière dont on dit quelque chose transforme le sens de la phrase.
• *Tu pourrais changer de refrain ?* = tu pourrais parler d'autre chose ?
• Entre nous, c'est *l'accord parfait* = nous nous comprenons parfaitement.
• *Je ne suis plus au diapason avec* mon collègue = je ne suis plus en harmonie avec lui.

EXERCICES

1 **Remettez les mots en italique à leur place.**

- Vous *apprenez* de la musique ? a. ______
- Oui, je joue de la *partition*. b. ______
- Et vous *faites* chaque *pupitre* par *mémoire* ? c. ______
- Oui, en général, je n'ai pas de problème de *cœur*. d. ______
- Vous ne regardez jamais votre *flûte* ? e. ______
- Non, mais je la laisse sur mon *morceau*, on ne sait jamais. f. ______

2 **Associez pour constituer une phrase complète.**

1. Le critique	**a.** déchiffre une sonate pour violon.
2. Le chef d'orchestre	**b.** assiste à un concert.
3. L'accordeur	**c.** fait souvent des fausses notes.
4. La cantatrice	**d.** improvise sur un thème connu.
5. Le mélomane	**e.** chantera La Traviata.
6. Le violoniste	**f.** accorde le piano.
7. Le musicien de jazz	**g.** n'aime pas cette interprétation.
8. L'amateur	**h.** tient une baguette.

3 **Complétez cette lettre en choisissant la bonne réponse.**

Cher Olivier
J'ai assisté hier soir à une magnifique ______ de « Don Giovanni » de Mozart. J'ai eu la chance d'avoir une très bonne ______ au premier balcon.
D'abord, la mise en ______ était remarquable, avec de très beaux ______.
Bien sûr, les ______ étaient excellents. Le chanteur qui ______ le rôle de Don Giovanni a eu une véritable ovation à la fin de l'opéra. Le ______ a bien dirigé l'orchestre et les ______.
Bref, ça a été un vrai ______ !
Tu aurais beaucoup aimé...

a. représentation	opéra
b. pièce	place
c. théâtre	scène
d. décors	rôles
e. interprètes	acteurs
f. tenait	dirigeait
g. chanteur	chef
h. cœurs	chœurs
i. four	triomphe

27

LE CINÉMA ET LA PHOTO

Le cinéma désigne soit **le septième art** (*« Est-ce que vous aimez le cinéma ? »*), soit le lieu où passent les films (*« Il y a un cinéma au coin de la rue »*).

ALLER AU CINÉMA

• **Qu'est-ce qu'il y a au cinéma**, ce soir ? (= **Qu'est-ce qui passe** au cinéma ?)
– On **passe** *La Dolce Vita* de Fellini.
– C'est **en version française (en v.f.)** ? / C'est **doublé** ?
– Non, il n'y a pas de **doublage**, c'est **en version originale** (en **v.o.**) **sous-titrée** (= dans la langue originale avec **des sous-titres**, c'est-à-dire la traduction des dialogues).
– Ça passe où ?
– Ça passe au Diagonale : dans ce cinéma, il y a **une salle** avec **un grand écran**, et deux petites salles.
– **La séance** est à quelle heure ? / Ça passe à quelle heure ?
– Il y a une séance à 18 heures et une à 20 heures.

• Qu'est-ce que vous préférez, comme films ? Quel genre de films est-ce que vous préférez ?
– Moi, je suis **cinéphile** (= amateur et connaisseur), j'aime **les** vieux **films classiques en noir et blanc**, et le cinéma **muet**. J'aime aussi **les westerns**, **les comédies musicales** et **les films psychologiques** en général.
– Moi, je préfère les films **parlants** et **en couleur**. J'adore les films **d'action**, les films **policiers**, les films de **science-fiction**, les films **d'aventures** et les films **d'horreur**.
– Moi, j'aime bien rire, alors j'apprécie **les dessins animés** et **les comédies**.

• Au Festival de Cannes, **un jury de critiques remet des prix**. On publie alors **le palmarès** du Festival. Un film **est primé** à Cannes, et, par exemple *L'Éternité et un jour* de Théo Angelopoulos **a obtenu la Palme d'or** (= la plus haute récompense) en 1998.

• Lors de chaque séance de cinéma, on voit **la bande-annonce** des films qui **sortiront** prochainement en salle : « **Sortie** le 13 octobre ».

EXERCICES

1 **Choisissez la bonne réponse.**

1. On | joue | passe | un film de Rohmer.
2. | L'entrée | La séance | est à 20 heures.
3. Il y a deux | films | cinémas | dans la rue des Écoles.
4. Le film est en version originale | doublée | sous-titrée |.
5. | La bande-annonce | L'annonce | de ce film me donne envie de le voir.
6. Il y a combien | d'écrans | de salles | dans ce cinéma ?
7. Le film a reçu | une prime | un prix | à Cannes.

2 **Associez les phrases de même sens.**

1. Ça passe demain.
2. Il a eu un prix.
3. C'est en v.f.
4. Il est cinéphile.
5. C'est en v.o.
6. Le film sort demain.

a. Il a été primé.
b. Il est amateur de cinéma.
c. La sortie est demain.
d. Il y a une séance demain.
e. C'est doublé.
f. C'est sous-titré.

3 **Quel(s) film(s) conseillez-vous à ces différentes personnes ?**

1. *Drôle de drame*, 1937, de M. Carné. Une histoire drôle qui fait encore beaucoup rire...
2. *Astérix et Cléopâtre*, 1968, de R. Goscinny et A. Uderzo. Le héros de bande dessinée à l'écran...
3. *Jackie Brown*, 1997, de Q. Tarantino. Une jeune femme impliquée dans un trafic d'argent, des meurtres...
4. *La Vérité*, 1960, d'H.-G. Clouzot. Un procès, le pourquoi et le comment d'un crime... Un grand film en noir et blanc.
5. *Le Cinquième Élément*, 1996, de L. Besson. Au XXIIIe siècle, un héros veut sauver l'humanité...
6. *On connaît la chanson*, 1997, d'A. Resnais. Simon aime Camille qui aime Marc...
7. *Spartacus*, 1960, de S. Kubrick. La vie et la révolte d'un esclave... Splendide reconstitution de l'époque romaine.

a. Nicolas adore les dessins animés.
b. Lise aime les films classiques.
c. Annie préfère les films d'aventures et les films à grand spectacle.
d. Gilbert a envie de s'amuser, ce soir.
e. Fabrice est fou de science-fiction.
f. Philippe voudrait voir un film policier.
g. Delphine préfère les films psychologiques qui montrent les relations humaines.

FAIRE UN FILM

• On **filme** avec **une caméra** et de **la pellicule. Le scénariste** écrit **le scénario** (= l'histoire et les dialogues). **Le producteur** cherche de l'argent pour **produire** le film. **Le cinéaste** (= **le réalisateur**) **tourne** son film avec les comédiens et avec les techniciens (**le cameraman**, **le monteur** qui fait **le montage** du film...). Les acteurs et actrices célèbres sont **des vedettes** (= **des « stars »**). Le film **est** ensuite **distribué** en salle. On peut lire **le titre** du film et le nom des artistes sur **l'affiche** ou encore sur **le générique** du film (= le début du film). Les films **« à grand spectacle »** comportent souvent **des effets spéciaux** et ont en général **un** grand **succès commercial**. D'autres, au contraire, sont **des échecs**.

• On peut tourner **un court métrage** (qui dure moins de 30 minutes) ou **un long métrage** (au moins 1 h 30).

• On peut **adapter**, **porter** un roman **à l'écran** ; on parle alors d'**une adaptation cinématographique** d'un roman.

FAIRE DE LA PHOTO

• **Le photographe fait / prend** des photos **en noir et blanc** ou **en couleur** avec **un appareil photo** et **une pellicule**. Ensuite, il les **développe** lui-même ou les fait développer dans un magasin de photos. Si les photos sont **sur papier**, **le tirage** peut être **mat** ou **brillant**. Ensuite, on **classe** les photos dans **un album de photos**. S'il s'agit de **diapositives** (**diapos***), on les **projette** sur **un écran**. Quand on aime une photo, on peut la faire **agrandir** ; on a alors **un agrandissement** de la photo.

• La photo peut être :

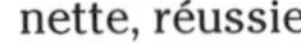
nette, réussie

floue

ratée

bien cadrée

mal cadrée

surexposée

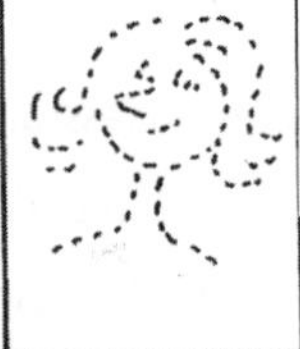
sous-exposée

• Un bon appareil photo comprend **un boîtier**, **des objectifs** (**grand-angle**, **téléobjectif**...) et **un flash**.

EXERCICES

1 Remettez ce texte dans le bon ordre.

- ☐ **a.** Le film est distribué dans plusieurs pays et sort en salle.
- ☐ **b.** Le cinéaste persuade un producteur de travailler avec lui.
- ☐ **c.** Les amateurs de cinéma peuvent le voir.
- ☐ **d.** Le cinéaste a une idée de film.
- ☐ **e.** Le cinéaste travaille avec le scénariste.
- ☐ **f.** Il tourne le film.
- ☐ **g.** Il sélectionne les acteurs.
- ☐ **h.** Le montage du film est achevé.

2 Vrai ou faux ?

	VRAI	FAUX
1. Une vedette est célèbre.	☐	☐
2. Le générique du film est un western.	☐	☐
3. On projette un film sur un écran.	☐	☐
4. Le producteur tourne le film.	☐	☐
5. On prend des photos avec une caméra.	☐	☐
6. On adapte un scénario à l'écran.	☐	☐
7. Le cinéphile reçoit un prix à Cannes.	☐	☐
8. Il existe des pellicules pour faire des films et des pellicules pour prendre des photos.	☐	☐

3 Éliminez l'intrus.

1. mat / brillant / caméra / agrandissement
2. développer / jouer / agrandir / projeter
3. diapositive / séance / sous-titre / bande-annonce
4. succès / prix / Palme d'or / adaptation
5. net / doublé / flou / surexposé
6. film policier / film en noir et blanc / film psychologique / comédie
7. salle / séance / échec / écran

4 De quoi parle-t-on ?

1. On y classe ses photos. ______________________________
2. Il est mat. ______________________________
3. Il a un grand-angle. ______________________________
4. Il dure au moins 1 h 30. ______________________________
5. Elle est floue. ______________________________

28 LE LIVRE ET LA LITTÉRATURE

LE LIVRE

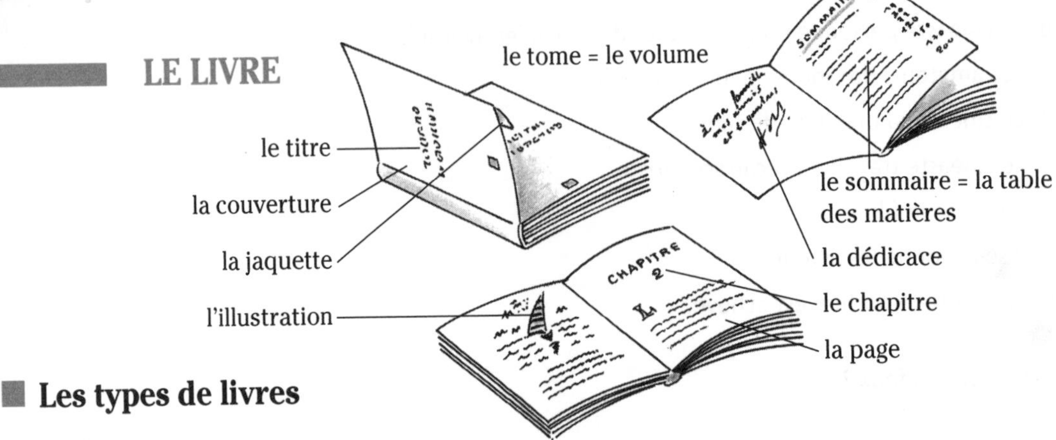

Les types de livres

Un lecteur aime **la lecture**, aime **lire** / **bouquiner*** différents types de livres / **bouquins*** ; par exemple :

- un livre **de** photos, **d'**histoire, **de** cuisine ; un livre **scolaire** (= pour l'école) ; un livre **sur** les voitures de sport, **sur** les fleurs ; **un dictionnaire** français-allemand..., **un manuel** de géographie..., **un guide touristique** sur la Grèce..., **un catalogue** d'exposition ou de musée..., **un recueil** de poésie..., **une BD** (= une bande dessinée, comme *Astérix* par exemple).

- un livre **neuf** ≠ un livre d'**occasion** (= déjà utilisé) que l'on peut acheter chez **un bouquiniste** (= un libraire spécialisé dans les livres d'occasion)... **un livre de poche** (= de petit format, et pas trop cher).

Remarque : Notez l'utilisation des prépositions : un livre **d'**art (c'est le type de livre), un livre **sur** la sculpture (c'est le sujet traité).

La publication

- Claire Miquel est **l'auteur** de ce livre, **publié** par **la maison d'édition** CLE International, qui en est **l'éditeur**. C'est **un ouvrage de** 200 **pages** environ **paru** en 1999.

- Après **la publication** / **parution** d'un livre, **le critique fait une critique** positive ou négative de l'ouvrage. On achète un livre dans **une librairie**, où les lecteurs peuvent le **feuilleter** (= regarder les pages rapidement) ; ils peuvent aussi le **consulter** ou encore l'**emprunter** dans **une bibliothèque**. Quand un livre, **tiré** par exemple **à 50 000 exemplaires, a du succès** et que tous les exemplaires sont vendus, l'éditeur décide de **réimprimer** le livre. Un livre **épuisé** ne se trouve plus dans le commerce. L'éditeur peut alors décider de **rééditer** le livre (**la réédition**).

EXERCICES

1 **Complétez le texte en choisissant parmi les mots suivants.**

bibliothèque – feuilleté – volumes – chapitres – exemplaires – librairie – pages – l'ouvrage – le titre – couverture – table des matières – épuisé – sommaire – illustrations – critique

J'ai lu ________________ du livre sur la ________________ . C'est un livre en deux ________________ .
Je vois dans la ________________ qu'il y a 59 ________________ et 477 ________________ . Il y a
beaucoup de belles ________________ . J'ai lu une bonne ________________ du livre. Il a été tiré
à 30 000 ________________ . Je l'ai ________________ dans la ________________ avant de l'acheter.

2 **Devinettes. De quel type de livre parle-t-on ?**

1. Je peux mettre ce petit livre dans mon sac. C'est un ________________
2. On y cherche la traduction d'un mot dans une autre langue. C'est un ________________
3. Pour trouver une recette, j'ouvre un ________________
4. Avant de visiter Copenhague, je vais acheter un ________________
5. Ce livre a déjà été acheté, lu et revendu. C'est un ________________
6. Je n'ai pas vu l'exposition Man Ray, mais j'ai acheté ________________

3 **Complétez, si c'est nécessaire, par la préposition adéquate.**

1. Un livre ____________ l'histoire de Paris.
2. Un dictionnaire ____________ allemand-anglais.
3. Un livre ____________ histoire.
4. Un livre ____________ scolaire.
5. Un manuel ____________ chimie.
6. Un guide ____________ touristique.

4 **Choisissez la bonne réponse.**

1. Vous pouvez consulter ce livre dans une | librairie | bibliothèque |.
2. Ce livre a beaucoup plu aux lecteurs et aux | lectures | lectrices |.
3. L'ouvrage a été | tiré | épuisé | à plusieurs milliers d'exemplaires.
4. J'aime beaucoup | bouquiner | feuilleter | le soir avant de me coucher.
5. Est-ce que vous avez un | exemple | exemplaire | de ce livre d'art ?

5 **Vrai ou faux ?**

	VRAI	FAUX
1. On peut feuilleter un exemplaire.	❑	❑
2. On peut acheter un livre dans une librairie.	❑	❑
3. La bibliothèque est épuisée.	❑	❑
4. On peut emprunter un livre chez l'éditeur.	❑	❑
5. Le bouquiniste vend des livres d'occasion.	❑	❑
6. L'éditeur écrit des ouvrages.	❑	❑

LA LITTÉRATURE

• Quand un auteur écrit de la littérature, c'est **un écrivain**. Victor Hugo est **un grand écrivain**, c'est-à-dire un écrivain célèbre et de grande valeur : il est **romancier** (il a écrit **des romans**), il est **poète** (il a écrit de **la poésie / des poèmes en vers**, généralement **rimés**), il est aussi **dramaturge** (il a écrit **des pièces de théâtre**). Peu de gens ont lu **les œuvres complètes** de Victor Hugo…

• Les auteurs modernes reçoivent **des prix littéraires**. En 1957, Albert Camus **a reçu / a eu** le prix Nobel de littérature. Parfois, un autre auteur écrit **une préface**, c'est-à-dire un texte d'introduction. On dit alors que le livre **est préfacé par** quelqu'un.

• Chaque écrivain a **une écriture** personnelle (= une manière d'écrire) : c'est **son style**. Un auteur **rédige** d'abord **un brouillon** (= une première version) de son texte, qu'il va ensuite **corriger**, **améliorer**.

• Il existe, dans la littérature, **des chefs-d'œuvre** (= des œuvres exceptionnelles), comme *Le Rouge et le Noir* **de** Stendhal. Ce roman est **un grand classique** de la littérature française. On **cite** parfois **des passages** ou **des extraits** de ce texte, on fait **une citation**.

Remarque : Notez l'utilisation de l'adjectif « **grand** » signifiant « de grande importance » : un grand roman, un grand écrivain, un grand classique… Un *grand* livre s'oppose à un *gros* livre (= épais, volumineux).

LES GENRES LITTÉRAIRES

• **Le roman** est constitué d'**un récit** (= une histoire), comprenant **des dialogues** et **des descriptions**. Il existe différents types de roman : **le roman classique**, **le roman policier (le polar*)**, **le roman de science-fiction**, **le roman-fleuve** (très long roman avec des intrigues compliquées).

• **La nouvelle** est un petit roman, parfois de quelques pages seulement. On publie alors **un recueil de nouvelles**, c'est-à-dire un choix de récits. Des écrivains comme Perrault ont écrit aussi **des contes pour enfants** (*Le Petit Chaperon rouge*, par exemple).

• Un écrivain publie parfois des textes à caractère privé : **son journal intime** (= ses réflexions personnelles sur sa vie), **sa correspondance** (c'est-à-dire les lettres qu'il a écrites).

• Enfin, un auteur peut écrire **un essai** (= un texte de réflexion sur un sujet déterminé), **une biographie** (= l'histoire de la vie de quelqu'un), ou encore **une autobiographie** (l'histoire de sa propre vie).

EXERCICES

1 Associez pour constituer une phrase.

1. *Le Père Goriot* de Balzac est
2. L'écrivain a reçu
3. Le livre a été
4. Il n'a pas lu
5. J'ai acheté un recueil
6. André Gide a publié
7. Ce romancier a écrit

a. préfacé par un ami.
b. un roman-fleuve.
c. son journal intime.
d. un grand classique.
e. un prix.
f. de nouvelles.
g. les œuvres complètes de Maupassant.

2 Éliminez l'intrus.

1. roman / romancier / nouvelle / conte
2. dialogue / description / récit / préface
3. bouquiniste / bouquin / livre / ouvrage
4. classique / grand / littéraire / célèbre
5. autobiographie / biographie / journal / correspondance
6. citation / extrait / passage / brouillon
7. feuilleter / rédiger / corriger / écrire

3 Complétez le tableau suivant en distinguant les mots...

qui désignent une personne	qui désignent quelque chose d'écrit
______________________	______________________
______________________	______________________
______________________	______________________
______________________	______________________

l'auteur – la critique – le brouillon – la préface – le romancier – l'ouvrage – l'écrivain – le poète – le lecteur – l'écriture – la pièce – la poésie – le roman – le critique – le bouquiniste – la citation

4 Complétez.

1. « Être ou ne pas être » est une ______________________ de Shakespeare.
2. Cette actrice, qui a eu une vie passionnante, a écrit son ______________________ .
3. Je n'aime pas beaucoup le ______________________ de cet écrivain, il est trop prétentieux.
4. *L'Avare* est un ______________________ du théâtre français.
5. Le livre de cet auteur a été ______________________ par un poète connu.

QUELQUES COMMENTAIRES À PROPOS D'UN LIVRE

• Qu'est-ce que tu lis, en ce moment ?
– Je **suis plongé dans** un livre extraordinaire ! Je le **dévore** (= je le « mange ») ! **L'intrigue** est **passionnante** ! (= l'histoire est très intéressante). En plus, c'est **bien écrit**.
– C'est quoi, ce livre ? C'est une biographie ?
– En fait, c'est **la vie romancée** d'un personnage historique. Comme il y a beaucoup d'**histoires d'amour** dans le livre, c'est très **romantique**...

• **Il est comment**, ce roman ?
Chantal : C'est vraiment **émouvant**, c'est même **bouleversant**... L'auteur **raconte l'histoire d'**une jeune femme qui perd son mari dans des circonstances extraordinaires. En plus, c'est **une histoire vraie**, paraît-il...
Léa : Je trouve ce livre **ennuyeux à mourir**. D'abord l'histoire **ne tient pas debout** (= n'est pas vraisemblable). Ensuite, c'est **mal écrit**, le style est vraiment trop **lourd**.

• Dans *Bel-Ami* **de** Maupassant, **l'action se passe / se situe / se déroule** principalement à Paris. **Le personnage principal** (= **le héros**), Georges Duroy, est un homme qui utilise les femmes pour monter socialement et professionnellement. Maupassant **décrit / évoque le milieu** des journalistes du XIXe siècle. **Il traite le sujet** de l'ambition sociale. Maupassant **a influencé** d'autres écrivains postérieurs à lui (ces écrivains lui **empruntent** certains traits, ou parfois même **imitent** son style).

QUELQUES EXPRESSIONS IMAGÉES

• Ce n'est pas vrai, tu n'es jamais allé au Mexique, *ne me raconte pas d'histoires !* = ne me dis pas de mensonges, dis-moi la vérité !
• Ce projet *ne rime à rien* = il n'est pas logique.
• *Ça se lit comme un roman* = c'est facile à lire (généralement quand on parle d'un essai, d'un article ou d'un reportage).
• *Il fait toujours des histoires* = il crée des problèmes, il n'est jamais content.
• J'ai voulu obtenir un visa en deux jours : *quelle histoire ! ça a été toute une histoire !* = ça a été compliqué.
• *Il faut tourner la page...* = il faut oublier le passé et penser à l'avenir...

EXERCICES

1 **Choisissez la bonne réponse.**

1. Balzac a écrit beaucoup de romans, c'est un grand | romantique | romancier |.
2. Je lis la vie | romancée | romantique | d'Henri IV.
3. L'action | se passe | passe | à la campagne.
4. L'auteur | raconte | décrit | une histoire passionnante.
5. Albert Camus a | influencé | emprunté | de jeunes écrivains.
6. Elle dévore | une intrigue | un roman |.

2 **Quelle expression imagée serait adaptée aux situations suivantes ?**

1. « Ma femme m'a quitté pour un autre homme il y a cinq ans, mais j'attends toujours qu'elle revienne, je n'arrive pas à l'oublier. » ______________________
2. « Je suis en train de lire un livre sur l'histoire de la Russie ; c'est très sérieux, et pourtant je le lis facilement, c'est vraiment passionnant. » ______________________
3. « Chaque fois que nous invitons la tante Ursule, il y a des disputes ! Elle a un caractère tellement difficile ! » ______________________
4. « Je ne comprends absolument pas pourquoi elle a décidé de partir en Finlande juste après avoir accepté un travail au Danemark ! » ______________________

3 **Complétez les phrases.**

Au XVIIe siècle, Cyrano, intelligent, poète, courageux, mais laid, aime sa belle cousine Roxane.
Celle-ci, au contraire, est amoureuse de Christian, bel homme courageux, mais sans conversation…
Le plus célèbre texte d'E. Rostand, écrit dans le style d'une pièce du XVIIe siècle…

1. *Cyrano de Bergerac* est ______________________ du livre.
2. Edmond Rostand est ______________________ du livre.
3. Il ne s'agit pas d'un roman, mais d'une ______________________ .
4. L'histoire ______________________ au XVIIe siècle.
5. Le livre a été ______________________ en 1897.
6. Le ______________________ du livre est Cyrano.
7. Ce texte est un ______________________ de la littérature française.
8. L'auteur ______________________ le style des écrivains du XVIIe siècle.

INDEX

La catégorie grammaticale du mot
est indiquée entre parenthèses, ainsi que le genre des noms.
Lorsqu'un mot appartient à plusieurs catégories
(par exemple nom et adjectif), seules celles utilisées
dans le texte sont mentionnées.

adj. = adjectif
adj. num. = adjectif numéral
adv. = adverbe
f. = féminin
loc. = locution
loc. adv. = locution adverbiale
m. = masculin
n. = nom
prép. = préposition
pron. = pronom
v. = verbe

A

D

E

F

G

H

I

J, K

L

S

T

U

V

W, Y, Z

N° projet 10149442 – Imprimé en France – Février 2008
par MAME Imprimeurs à Tours (n° 07122300)